地域批評シリーズ⑭

これでいいのか埼玉県さいたま

まえがき

さいたま市のイメージは、ここ数年で大きく変わった。それは劇的なものであるが、しかし実感としては「いつの間にか変わっていた」というものではなかっただろうか。

つい最近まで、さいたま市、埼玉県のイメージは冴えないものだった。「ダサイたま（正確には「ダ埼玉」と表記するそうだ）」なんて言葉が1980年代に生まれ、定着していたのがその象徴といえるだろう。浦和、大宮という埼玉県の象徴ともいえる都市を含む合併が行われたのに「さいたま市」という平仮名市名がついたというのも、時に揶揄の対象となった。

しかし、今やそんなことをいう者はいない。埼玉県は首都東京の強力なパートナーとしての存在感を示し、さいたま市は首都圏の有力な勤務先であり、住宅地だ。もはや普通の今風の郊外都市である。神奈川県と同格、とまではいかないにしても、それに継ぐ存在となっている。

なぜ、さいたま市はこれほど急激にイメージを良化させたのだろうか。それは数々の大規模再開発の成功、インフラ網の整備、住環境の向上という言葉で説明できるだろう。だが、本当にそれだけだろうか。

本当に変わったのは、さいたま市民の変化だ。再開発によって街の構成が一変したことによる意識の変化もある。住宅地の拡大で増えた「外から来た人々」の影響もあるだろう。

逆に、変わっていないところはないのだろうか。古い物は、新しいものと同様に、良い点も悪い点もある。さいたま市には、獲得したものと失ったものがあるのではないだろうか。

本書は、そんな今や一級都市となったさいたま市の実態を多数のデータと取材を元に、分析するものである。さいたま市は本当のところ、どのくらい発展していて、住みやすいのか。「今の」さいたま市民はどのくらいイケている人々なのか。最新型の「新都心」は、本当のところどのくらいの実力があるのか。今後、さらなる発展が見込めるのか、それとも今が頂点で、将来的には衰退していくのか。

日本でも指折りの「最新型都市」の真の姿に迫ってみよう。

蓮田市
日光御成街道
元荒川
春日部駅
東武野田線
豊春駅
東岩槻駅
16
深作川遊水池
春日部市
4
4
岩槻駅
122
武里駅
日光街道
七里駅
岩槻
せんげん台駅
東武伊勢崎線
岩槻区
七里総合公園
大袋駅
越谷市
見沼区
東北自動車道
しらこばと水上公園
見沼自然公園
埼玉スタジアム2002
122
さいたま市
浦和美園駅
浦和
埼玉高速鉄道
4
浦和
緑区
東川口駅
JR武蔵野線
南越谷駅
第二産業道路
川口市
東浦和駅
浦和競馬場
戸塚安行駅
川口Jct
川口中央
東川口
東京外環自動車道
298
新井宿
南浦和駅
川口西
首都高速川口線
新井宿駅
鳩ヶ谷市
17
蕨市
鳩ヶ谷駅

さいたま市地図

JR上越新幹線
JR東北新幹線
ニューシャトル
北上尾駅
JR高崎線
蓮田駅
丸山駅
綾瀬川
桶川市
上尾駅
上尾市
沼南駅
荒川
原市駅
産業道路
上尾
丸山公園
吉野原駅
芝浦工
今羽駅
東大宮駅
東宮原駅
宮原駅
入間川
加茂宮駅
JR東北本線（宇都宮線）
日進駅
土呂駅
北区
西大宮バイパス
大宮公園駅
大宮公園
西大宮駅
鉄道博物館駅
川越市
指扇駅
北大宮駅
西区
大宮区
JR川越線
大宮駅
新大宮バイパス
新都心西
新都心
さいたま新都心駅
東京健保組合大宮運動場
北与野駅
与野Jct
与野駅
新河岸川
びん沼川
中央区
与野本町駅
浦和区
荒川
北浦和駅
浦和北
南与野駅
JR埼京線
JR高崎線
JR京浜東北線
埼玉大
北
富士見市
桜区
首都高速埼玉大宮線
中浦和駅
西浦和駅
武蔵浦和駅
志木市
南区
0
2km
浦和南
朝霞市
戸田市
外環浦和

さいたま市基礎データ

国	日本
地方	関東地方
都道府県	埼玉県
団体コード	11100-7
面積	217.49km²
総人口	1,279,164 人
人口密度	5881.5 人 /km²
隣接自治体	上尾市、川口市、朝霞市 川越市、戸田市、志木市 蓮田市、富士見市、蕨市 春日部市、越谷市、南埼玉郡 白岡町
市の木	ケヤキ
市の花	バラ
市の花木	サクラ
市庁舎所在地	さいたま市浦和区常盤 6丁目4番4号
市庁舎電話番号	048-829-1111

区の面積		順位
西区	29.14km²	3
北区	16.91km²	6
大宮区	12.75km²	8
見沼区	30.63km²	2
中央区	8.39km²	10
桜区	18.60km²	5
浦和区	11.51km²	9
南区	13.89km²	7
緑区	26.51km²	4
岩槻区	49.16km²	1

区の人口		順位
西区	87,782 人	10
北区	146,411 人	4
大宮区	115,569 人	6
見沼区	161,548 人	2
中央区	99,335 人	8
桜区	95,844 人	9
浦和区	157,961 人	3
南区	182,856 人	1
緑区	120,338 人	5
岩槻区	111,520 人	7

区役所所在地		綜合案内
西区	〒331-8587　大字指扇 3743 番地	048-622-1111
北区	〒331-8586　宮原町1丁目 852 番地 1	048-669-6020
大宮区	〒330-8501　大門町3丁目1番地	048-657-0111
見沼区	〒337-8586　堀崎町 12 番 36 号	048-687-1111
中央区	〒338-0002　下落合5丁目7番 10 号	048-856-1111
桜区	〒338-8586　道場4丁目3番1号	048-858-1111
浦和区	〒330-9586　常盤6丁目4番4号	048-825-1111
南区	〒336-8586　別所七丁目6番1号	048-838-1111
緑区	〒336-8587　大字中尾 975 番地1	048-874-1111
岩槻区	〒339-8585　本町六丁目1番1号	048-757-4111

※ 2016 年 9 月現在

●第2章●【大宮は犯罪・ギャンブル・風俗の宝庫だ!】……59

第1章
新都心・大宮の東西格差

合併と再開発で「新都心」になった大宮

荒っぽい＝イナカっぽいが埼玉のイメージだった？

埼玉県のイメージは、いつのまにか「再開発の行き届いた新しい郊外都市」になっていた。つい最近まで、「ダサイたま」なんて言葉が定着していたのがウソのようである。その中核であるさいたま市の分析を始めるにあたり、まずは「現在のさいたま市の成り立ち」をみていこう。

埼玉県は、元々関東の大国、武蔵国の一部だった。武蔵国は、埼玉県と東京都全域と、神奈川県の北部を含むという広大な領域の国である。太古の昔には、関西とは違う政権があった独立国であり、日本国としてほぼ統一された平安時代以降も、独自性の高い土地であった。

平安時代の中期以降、関東には「武士団」が成立。広大な武蔵国にも有力な武士団が現れる。秩父からちょうど現在の川越街道沿い、そして都心部にかけて勢力を広げた秩父党だ。秩父党は秩父氏、畠山氏、川越氏、豊島氏、江戸氏などが有名だ。これらの苗字は、つまり本拠地とした土地にちなんでおり、大体どのあたりに有力武士団があったのか、現代の人間でも容易にわかる。秩父党は武蔵国最大の武士団であり、その本拠地であった現在の埼玉県こそ、武蔵国の中心であったというのが、平安時代の終わりから戦国時代にいたるまでの「事実」のひとつなのである。

戦国時代の終わりに、徳川家康によって江戸が大都市として建設される。このころには、秩父党をはじめとする名門武士団のほとんどが滅亡するか、他の土地に移るなどしていたが、その土地には独立心に富んだプライドの高い気風が残っていた。武士団の魂は消えていなかったのである。

江戸の街には、他の国から移ってきた人々が定着し、独自の気風が生まれたが、その周辺の武蔵国各地は、人々の気質という意味では、それほど変わらなかったようだ。江戸幕府が終わり、明治時代が始まり、さらに江戸＝東京の気質は新たにやってきた人々によって変化し、それは現代的なイメージからいえば「スマートな人々」といった感じになっていった。これは、元々の江戸っ子と、勝利者としてやってきた薩摩、長州などの人々、そしてそれ以外の「新東京市民」が混ざり合った結果、「普通に付き合っていてはすぐケンカになる」のを避けるため、お互いに遠慮がちに付き合うのがベスト、となった結果なのではないか、という推測をする人がいる。確かに、それは「都会人の生き方」としては大変腑に落ちるロジックである。

しかし、そうして江戸、東京と変化していった「スマートな東京」に対し、千年の「武士の国」のままであった埼玉は、東京の人からみると自己主張が激しく、すぐに怒り出し、荒っぽい人々に見えたという。とはいっても、実際は江戸時代にも現在起こっているような「大都市江戸との密接なつながり」や「人口流入」「街道沿いの文化流入」などは発生しており、「川越はほとんど江戸」とか「北部は荒っぽい」など、実際は地域ごとに多種多様の気質があったという。ただ、風評というものはそうした事情を無視して広まることがある。明治時代はちょうど新聞という情報伝達メディアが発達した時期だ。こうしたマスメディアも手伝い、「埼玉県は荒っぽいイナカ」というイメージが広がっていった。その後、さらなる東京への人口集中と農業離れなど、多種多様の社会スタイルの変化により、元々「イナカ」なイメージがあった埼玉は、さらに「イナカ」としてみられるようになる。これをわかりやすい言葉にしたのが、１９８０年代初頭にタモリ（森田一義）がラジオで発信した「ダサイたま（ダ埼玉）」であった。結局、こうしてみると、ダサイたまの「汚名」は、一種マスコミの「ねつ造」であるということもできそうだ。

4 市合併と新都心の成立

さて、ここは大宮を取り扱う章なので、そろそろ大宮を中心に話を進めていこう。大宮は、そもそもそんなに歴史のある街ではない。江戸時代に、中山道における「氷川神社の門前町兼宿場町」として発達したが、それほど大きな街にはならなかった。明治以降、鉄道網が発達し、街道の宿場町が衰退していった。中山道ルートには上野駅から熊谷駅までの路線が施設され、浦和、上尾には駅ができたが、大宮にはできなかった。衰退を目の当たりにした大宮の人々は、鉄道駅の誘致を決意。こうして大宮駅が建設されることになったのである。大宮にとっての幸運は、元々小さな街な上に、衰退していた状態で駅を作ったという経緯から、鉄道関連の工場や操車場を作りやすかったこと。都心部との「ちょうど良い距離感」もあり、鉄道の街として、一気に大都市への道を歩み出したのである。

しかし、鉄道の街としての発達は限定的だった。神奈川県には横浜や川崎という政令指定都市が1970年代までには成立。千葉県にも千葉市をはじめ、人口と産業のバランスが取れた拠点都市が多数存在したが、埼玉県には「そこそこ大きい街」は多くても、「拠点」といいきるだけの都市がなかった。これを打破するための一手が、さいたま市成立だったのである。

1980年、県知事の音頭で大宮、浦和、与野の3市と上尾市、伊奈町の合併構想がスタート。1989年には、東京一極集中を是正するため、大宮の旧国鉄操車場跡に政府機関の一部を移転させることが決定。これも追い風となって、大合併はさらに加速した。しかし、上尾市長の慎重な態度、浦和市の上尾排除論など諸説あるが、上尾市は合併協議から離脱。上尾が抜けると飛び地になってしまう伊奈町も、ほとんどとばっちりを受ける形で合併協議から離脱した。これにより、当初の構想よりは縮小したが、２００１年、念願の「拠点都市」政令指定都市さいたま市が誕生することになったのである。さらに岩槻市が加わり、さいたま市は巨大化した。

旧国鉄操車場跡に政府機関の一部をもってくる「新都心」は、１９９１年に建設が始まり、合併前の１９９９年には「さいたま新都心」と命名された。

合併は、このさいたま新都心とのコンビネーションで、埼玉県のイメージを大きく変化させた。新都心は、大部分が旧与野市にあり、旧大宮市、旧浦和市にもまたがっている。これまで、別の市として分かれていたため、「駅を中心とした大宮、浦和」と「住宅地与野」といった「役割分担」があり、ともすれば各市の「縄張り」の問題で、大きな発展ができなかった、という雰囲気はあっただろう。合併により、これらの枠が取り払われ、「大宮駅がものすごく発展している」というイメージが成立する。もはや、旧市は関係ない。「さいたま市の大宮駅」が新都心であり、「新しい大きく繁栄している街」になったのである。

そう考えると、大宮駅は、「大宮市のせいで実力を発揮しきれていなかった」面があったのかもしれない。ＪＲ以外はちょっとマイナーな路線ばかりというのが玉に瑕だが、大宮駅は新幹線駅であり、上信越、北関東、東北と東京をつなぐ主要路線すべてのターミナル駅だ。海を持っていないというのは確かに致命的ではあるが、鉄道駅という意味では横浜駅と十分戦える戦力をもっている。埼京線、湘南新宿ラインなどが整備され、その力はさらに増している。駅ビルは最新式で、今の大宮駅は、国内でも有数の巨大な存在となっている。これに、合併による「広がり」と新都心の存在が加わり、周辺には大規模な再開発がなされた。名実共に「大都会」として成立する条件を満たしているのである。これが、さいたま市のイメージを大きく変えた最大要素といえるだろう。

ただ、まだまだ不足もある。全部が全部、うまくいっているというわけでもない。次項からは、そうした問題点もみていくことにしよう。

さいたま新都心のシンボルでもあるツインタワー、埼玉合同庁舎の１号館と２号館。丸の内・霞ヶ関エリアからの出先機関が２棟の高層ビル内に集中している。

やたらと作ってしまったハコモノ

さいたま市にとって観光地的要素はゼロ

観光地がちゃんとあると言われても……

未来都市を彷彿させるさいたま新都心駅を見れば一目瞭然、さいたま市はハコモノ施設の建設が相次ぎ、さいたまスーパーアリーナや、さいたまスタジアム2002など、巨大なレジャー施設が多く作られている。また、人口の増加に合わせて、近辺には高層マンションが続々と建設され、さいたま市自体が大きく生まれ変わろうとしている。

しかし、そうした「未来都市」だけで本当に「いい街」は作ることができるのだろうか。やはり、潤いに欠けるというのが実際のところだろう。ではその潤いとはなんだろう。その中のひとつが観光地である。さて、この本を手にした読者の皆さんは、埼玉県の観光地と言われたらどこを思い出すだろうか。秩父や古墳群など有名じゃないだけで、色々あるよという埼玉県人もいるだろうが、客観的に見れば埼玉県に観光地はないのである。

そして当然ながらさいたま市にもない

埼玉県自体に観光地がないのだから（あまり言うと怒られるから少ないでもいいんだけどね）、当然のことながらさいたま市にも観光地はない。大宮エリアは鉄道の町やマンガの町、盆栽の町なんて呼ばれているが、自分達が自負しているだけでまるっきり全国的には知られていない。浦和エリアはウナギの蒲焼き発祥の地として、浦和のうなこちゃんの石像まで作ったが（キャラクターデザインはアンパンマンの作者であるやなせたかし氏）、県外へのアピール度は皆無。岩槻エリアは人形の町と言われても、知っている人はさいたま市や県内に住んでいる人だけで、県外で知っている人はむしろ少ない。その他にも氷川神社など、各地域に御当地自慢はそれなりにあるのだが、仮にそれらが観光地としても十分に通用し、その地域を代表する文化や名産品であったとしても、それを全国的にアピールする能力がもの凄く欠けているのである。

これではマズイと、さいたま市ではさいたま市観光の魅力を内外にPRし、市のイメージアップを図るため、さいたま観光大使なるものを設置。浦和のうなこちゃんや浦和レッドダイヤモンズ、大宮アルディージャなんかも観光大使として市が委嘱しているが（4団体・9個人の系13組）、それが実際にどれだけの効果を生んでいるのか、かなりビミョーな感じである。世間では宇都宮市の餃子、富士宮市の富士宮焼きそばなんかがB級グルメとして街おこしに成功していることを考えれば、さいたま市がどれだけアピールが下手かということは十分に理解できるはずである。元々、海なし山なし県（山は秩父にあるという埼玉県人は力説するが）である以上、ハナから観光名所には恵まれていない土地柄ではあるのだが、自分達のアピールの下手を棚に上げて、既存の観光地や名産品をアピールすることを諦め、新しい観光名所や観光地を作ってしまおうと考えたのが、ハコモノ事業の根底にあると考えて良いのではないだろうか。

とりあえずハコモノを作って人を集めちゃえ

さいたま市内にある主要な施設をみてみると、いずれも○○の町、と呼ばれている御当地の文化や名産品をハコモノとして作った施設が多く、県外の人達が行ってみたいと思わせるような観光地ではないことに気付く。というか、さいたま市内の人も行きたいと思うのか？　しかも、地域の活性化に繋がるような作り方をしている箇所も少なく、その場所にポツンとあるといったハコモノがやたらと多い。彩の国さいたま芸術劇場などその尤もたる例で、豪華な建築物が突然、目の前に現れたという感じでしかなく、その周辺はただの住宅街。とりあえずハコモノを建ててみましたという感じで、コンセプトが何も感じられないのである。回りが住宅街だから、レジャー施設や公園なんかが作れなかったということもあるが、そのような事情があるなら他の地域に作れば済むこと。決して便利とは思えないところに、お金をかけた大層なハコモノを作る必要はないのである。

これは他のハコモノについても言えることなのだが、さいたま市にある文化や名産品が、単体だとどうしても人を引きつけるだけの魅力に欠けるのであれば、他の施設などを設けて、人が呼び込めるような努力すれば良いのではないだろうか。各ハコモノが分散している上に魅力が乏しいとなれば、県外の観光客が集まってくるはずもない。地元の文化や名産品は自分達の地域で広めたいという利権絡みの欲が、このような状況を生んでいるような気がする。４つの市が合併してできたという弊害が、ハコモノ施設にも及んでいると言えるだろう。

楽しめるハコモノの少しはあったりする

そんなビミョーなハコモノがやたらと多い中、これは楽しめそうだなと思えるのは２００７年の10月14日にオープンした鉄道博物館である。１９２１年に東京駅北側の高架下に建設された「鉄道博物館」が前身で、１９３６年に万世橋へと移転し、１９４８年には「交通博物館」の名称に変更され親しまれた。しかし、建物の老朽化やＪＲ東日本創立20周年記念プロジェクトの一環として、大宮工場の裏にある車両解体場へと移転することになり、いま現在の鉄道博物館ができたのである。鉄道博物館はさいたま新都市交通ニューシャトルの鉄道博物館駅と隣接しており、入り口ではD51がお出迎えをしてくれる。また、入館料金一般1000円、小中校生500円、幼児（3歳以上未就学児）は200円となっており、電子マネーの「Suica」でも入館でき、「PASMO」や「ICOCA」、「Kitaca」も使用することができるようだ。また、「Teppa倶楽部」に入会すれば（一般は3000円）、1年間入館料が無料となるお得なフリーパスもある。

さて、鉄道博物館の館内だが、スペースは非常に広く1階から3階と屋上の分かれており、1階のヒストリーゾーンには本物の電車が展示されている。目の前で見ることの出来る本物の電車は圧巻で、家族連れでも十分に楽しむことができる。また、有料ではあるが鉄道シミュレーターなどもあり、運転を疑似体験することも可能だ。また、屋上にはパノラマデッキが設けられており、目の前を通過する新幹線の通過時刻が表示されている。鉄道オタクならずとも、かなり満足できる観光スポットと言えるだろう。

もうひとつ、観光スポットを挙げるとすれば、埼玉県立歴史と民俗の博物館がまともな方と言えるだろう。施設自体が大宮公園の中にあり、大宮競輪やNACKスタジアム大宮、土器の館、武蔵一宮氷川神社などが近くにあるため、その他の観光も可能となっている。観光スポットというよりも、暇なときのちょっとしたお出かけ、憩いの場といった感じではあるが、さいたま市では珍しく観光スポットが複合した施設と言えるのかもしれない。

今後の努力で生まれ変わる可能性も？

最後にまとめとなるが、さいたま市の観光スポットを振り返ると、単体では弱いくせに他との協調性がないため、ポツンとあるだけという施設があまりにも多すぎるという気がする。ないならないで諦めれば良いものを、やたらとハコモノだけを作ってしまったという感じなのだ。本来なら、市民の普段の足であるはずの埼玉新都市交通ニューシャトルが、さいたま市の「観光スポット」にリストアップされているのが現状なのだ。なんでも「普段は使わないけどかわいい車両」とか「鉄道博物館へは歩いて行けるけど、珍しい電車だから乗ってみるといいかも」などといわれている。これだけみると「なんだかなあ」という気もするが、逆に考えるのならば、「普段使い用」の施設やインフラでも観光に活用できる、もしくは市民に潤いをもたらす存在になるかもしれないわけだ。さいたま市の魅力をアピールするなら、どこか１カ所に大好きなハコモノを作り、そこで楽しめるようにした方が集客効果は見込めるはず。これまでの失敗を糧として、もし新しいハコモノを作ったり、観光の仕掛けをするのであれば、本当に効果のある新しい観光スポットを作り出して欲しい。

※　※　※

ただ、ここでみてきたハコモノ行政の多くは、合併前からのもの。さいたま市成立後、市は公共施設新規建築の抑制や統廃合を進め、かなりの効率化を成し遂げている。２０１４年からは「公共施設マネジメント計画」がスタート。すでに、無軌道なハコモノスタイルから、さいたま市は脱することに成功したといえる。

主要4施設

彩の国さいたま芸術劇場

1994年に完成した、収容人数約2000人の舞台芸術施設。財団法人埼玉県芸術文化振興財団によって運営されており、建築家の香山壽夫(香山アトリエ＋環境造形研究所)が設計している。非常に豪華な建物だが、国道沿いにポツンとあるため、パッと見ただけではなんの建物かさえもわからない

さいたまスーパーアリーナ

2000年に開館した多目的ホールで、収容人数は最大で37000人。第三セクターの株式会社さいたまアリーナが管理・運営している。スポーツやライブ会場として使用されることが多く、4階・5階には歌手のジョン・レノンの博物館「ジョン・レノン・ミュージアム」が設けられている

さいたま市

鉄道博物館

JR東日本の創立20周年記念事業のメインプロジェクトとして、閉館した交通博物館に替わる施設として建てられた。鉄道の原理・仕組みと最新の鉄道技術についてや、鉄道システムの変遷を車両等の実物展示で学ぶことができる。さいたま市が唯一、観光スポットとして自慢することができる施設だ

大宮ソニックシティ

1988年6月に完成した大宮区桜木町1丁目にある地31階（塔屋1階）、地下4階、高さ136.6mの商業ビル。コンサート等の各種イベント会場、事務所、店舗、ホテルなどとして運営され、大宮エリアのシンボル的存在である。30階と31階にある展望室は、さいたま市に住む若者のデートスポットらしい

実はそんなにバカじゃない大宮エリアの学力

大宮・浦和の両エリアに大きな違いはない？

埼玉県の政治の中心・文教都市として栄えてきた浦和エリアと、鉄道の街・商業都市として発展した大宮エリア。一般的には浦和エリアは文教都市ゆえに偏差値の高い高校が多く、大宮エリアは偏差値が低い高校が多いと思われているようだが、実際はどうなのだろうか。旧・大宮市に相当する大宮区・北区・西区・見沼区にある高校と、浦和エリアにある高校を比較しながら、大宮エリアは本当におバカさんが多いのかチェックしてみよう。

さて、埼玉県の高校でも偏差値の高い高校として有名なのが、埼玉県立浦和高等学校。東京都に近い埼玉県南部の地域はお受験が非常に盛んだが、公立高校ではここに子供を入学させることを目標にした教育ママが多いようだ。さいたま市内にある高校ではないが、慶應義塾志木高等学校もそのひとつで、中高一貫教育に入れたいと思っている親御さんも多いようだ。さいたま市内の中高一貫教育では、中央区にある淑徳与野高校がそれに相当すると言えるだろう。

となると、やはり大宮エリアはおバカさんばっかりなのかというと、大宮区にある埼玉県立大宮高校は、県内の公立高校偏差値でいえば浦和高等学校に次いで2位。他にも私立高校であるものの、見沼区にある栄東高等学校は、教育ママが大好きな中高一貫教育となっており、偏差値もクラスによっては埼玉県内の上位に入る高校である。大宮エリアにあるその他の高校を見てみると、埼玉県の上位に食い込むほどの高校は少ないしても、一般的な地域からみればごくごく平均的。勉強ができる浦和エリア、おバカさんの多い大宮エリアなんてレッテルが貼られるほど、酷い状況ではないのである。

優秀な高校の数が明暗を分けることに？

それぞれのエリアにある高偏差値を誇る高校を比較しても、大差がないという結果が出た大宮・浦和エリアの高校。それでは、なぜ、このようなイメージが定着してしまったのだろうか。基本的に浦和エリアが文教都市と謳っていることもあるが、偏差値の高い高校の数の違いが、このようなイメージを作り出したのではないかと思われる。先述したようにそれぞれのエリアには浦和高等学校と大宮高等学校という優秀な公立高校があるが、浦和エリアにはこの他にも浦和第一女子高等学校と、さいたま市立浦和高等学校（中学校もある）という優秀な高校が存在する。高い偏差値を誇る高校が複数ある浦和エリアと、ひとつしかない大宮エリア。その印象から浦和エリアは賢い人間が多く、大宮エリアはおバカが量産されているイメージを作った可能性が高いのだ。また、この他の理由として考えられるのが、地方都市特有の価値観が、根底にあるのではないかと思われる。

東京都や神奈川県など有名私立高校が多くある地域では、公立高校と私立高校に対する温度差が極めて高い。むしろ、中高一貫教育で大学まで進学できる私立高校の方が上と考えることすらある。一方、地方都市はどちらかというと公立高校の方が上、私立高校はそれよりも下という考えが根強い。お受験に熱心なさいたま市の傾向からすれば、そのような一昔前の考えが残っているとは考えにくいが、浦和エリアと大宮エリアの決定的な差は、優秀な高校の数だけでなく、公立高校の偏差値も関係しているのではないだろうか。

もうひとつ考えられるのは、地元の学校だけでは大宮の街を計ることができないということだ。ご存じの通り、今や大宮と東京を隔てる「距離」はものすごく縮まった。かなり以前でも、大宮周辺から神奈川県の有力校へ通学していた生徒などざらだった。それが、相次ぐインフラ強化によって「通いやすくなった」東京や神奈川、場合によっては千葉の有名校に通う優秀な大宮の子どもが増えたとしても不思議ではない。確かなデータを発見できなかったので、断言は避けるが、そうした現象が起こっているという話を聞いたことがあるのは事実である。

となると、優秀な子どもが市内他エリアのみならず他県にまで流出してしま

さいたま市内高等学校偏差値ベスト10

高校名	偏差値
埼玉県立浦和高等学校（普通）	72
埼玉県立大宮高等学校（理数）	72
埼玉県立浦和第一女子高等学校（普通）	71
学校法人 佐藤栄学園 栄東高等学校（アルファ）	71
学校法人　大乗淑徳学園 淑徳与野高等学校（選抜A）	71
学校法人　大乗淑徳学園 淑徳与野高等学校（選抜B）	71
埼玉県立大宮高等学校（普通）	70
学校法人　開智学園　高等部（S類）	70
学校法人　大乗淑徳学園 淑徳与野高等学校（選抜C）	70
学校法人 佐藤栄学園 栄東高等学校（アドバンス）	69

※高校受験　高校偏差値情報　2009全国高校偏差値ランキングより

っているわけで、つまり「大宮でみかける子どもたち」がおバカばかり、という図式も成り立つ。大宮としてはなかなか辛いお話になってしまうわけだが、逆をいえば、他エリアの有名校に通う子どもが増えたとすると、大宮全体の学力は、以前より上がっている、と考えることもできる。

しかし、中学生以上の子どもは近所の駅周辺で遊ぶもので、教育環境としての「街」は案外重要だ。地元駅である大宮には、学力の高い子どももそうでない子どもも一緒に集まり、良い交流をし、色々な経験を積むのが理想的なはず。可能であれば、大宮にもう少し有力な中学、高校を誘致するなり既存校を強化するなりして、大宮を離れなくても様々な学校を選べるようにしておきたい。総合的にみると、やはり大宮の「子どもの学力」は問題ないにしても、「教育事情」ということになると、まだまだ浦和に対して少々劣っている、というのが現状なようだ。

一戸建ても安いし、家賃も安い！でも、むなしい……

安いのにはそれなりの理由があるんです

多くの路線が東西、南北に走り、東京都内へのアクセス面で利便性の高いさいたま市。通勤や通学にも適していることから、古くから地元に住んでいる人だけでなく、わざわざさいたま市へ引っ越してきたり、一戸建てを購入して埼玉県民になっちゃう人も多いようだが、果たして、家賃相場や地価はどのくらいなのだろうか。最寄り駅で相場を見てみるのもひとつの方法だが、区によっては最寄り駅が複数にまたがることも想定されるため、ここでは各区の平均相場からチェックしていきたい。

まず、家賃の相場だが、独身者や若者向けと言えるワンルーム～１ＤＫの相場を見てみよう。やはり金額設定が高いのは大宮区・浦和区・中央区・南区で、5万円以上から6万7千円までが相場となっている。交通の便が良く、より都会的な街ほど家賃が上昇する傾向は他の地域と同じで、それぞれ4市合併前の中心地だった地域に高い物件が集中している。東京23区内の平均相場と比較すると、大体、葛飾区の相場に近い数字だ。通勤や通学する場所にもよるが、葛飾区は都内とは思えないほど電車の使い勝手が悪い地域なので、この3区に限って言えば、さいたま市の勝ちなのかもしれない。その他の地域は4万円～5万円台が平均相場だが、正直、学校や通勤先が近くにあるなどの理由がない限り、住むにはやや不便な場合が多い。というか、完全に風景が田舎なので、住むなら下見は確実にやっておいた方が良いぞ。

パパは家族のためにこれからも働くぞ!!

続いてはファミリー向けの物件と言える、2LDK以上の相場をチェックしてみよう。間取りや最寄り駅からの距離で家賃に差があるため正確に区別することは難しいが、ワンルーム～1ＤＫ同様、大宮区・浦和区・中央区・南区は3ＬＤＫ以上になると10万円を越える物件がほとんどで、なかなかの金額設定となっている。立地や利便性、交通の便を考慮すると、妥当なラインと言えるのかもしれない。その他の区は10万円以内で収まる物件も多数あるが、街の規模が小さかったり、他線に乗り換えなければならないなど、今ひとつ利便性に欠ける。とはいえ、一人暮らしであれば不便さを感じるであろうこの地域も、家族連れで住むのであれば、それほど苦にはならないのではないだろうか。田舎と言えば田舎だが、住環境はそれなりに整っているしね。

次に地価の公示価格についてだが、埼玉県全体の平均地価公示価格は15万6224円（円／㎡）。1位は東京都87万4082円、2位は大阪府で24万0734円、3位は神奈川県の23万0582円、4位は京都府の18万9775円と続き、埼玉県はなんと全国の5位にランクインしているのである。実際、大宮区の公示価格は非常に高く、東京23区と比較しても杉並区と大差がない数字。大宮区に負けている東京23区も複数あるくらいなのである。平均公示価格が愛知県や福岡県より上だなんて、埼玉県もなかなかやるな。

さて、最後は夢のマイホーム、一戸建てでチェックしてみよう。1戸建ての値段はさいたま市内でも区によって差はあるものの、標準的な広さであれば、もっとも地価の高い大宮区でも4千万円以内で収まる感じである。実際、ちょっと郊外へ行けばさいたま市は住宅街の宝庫。現在の40歳代から50歳代の男性なら子供の頃から刷り込まれたであろう、良い大学に入学↓一流企業に就職↓幸せな結婚↓一家の主として一戸建てを建てるというレールから行けば、完全にゴールである。休みの日は近所の公園で一家団欒の後マイカーで食事、趣味はガーデニングと日曜大工。さいたま市はそれらを実践するためのレストランもショップ充実していることから、幸せな生活を送れることだろう。早々にレールから大きく脱線した筆者からみれば羨ましく感じる光景だが、いかにも中流的な幸せって感じるのは仕方のないところ?

お父さんや家族の夢であるマイホームが現実的な価格。これでお父さんも面目躍如!!

さいたま市区別地価公示価格

区	価格
岩槻区	104,530円/㎡
緑区	169,271円/㎡
見沼区	132,835円/㎡
南区	260,120円/㎡
浦和区	369,111円/㎡
中央区	242,238円/㎡
大宮区	505,079円/㎡
北区	183,050円/㎡
桜区	166,786円/㎡
西区	117,750円/㎡

不動産・住宅情報ポータルサイトHOME’Sより作成

埼玉県最大の商業都市大宮はニューヨークなんだってね

大宮エリアは埼玉県最大の商業都市だ

大宮駅という巨大ターミナル駅を擁し、さいたま市の中心に位置する大宮エリア。かつて鉄道の街と呼ばれていた大宮エリアは大宮駅を中心に商業施設が建ち並び、現在は埼玉県最大の商業都市として発展を遂げている。２００１年の合併時にはアメリカ合衆国になぞらえて、政治と教育の中心が浦和エリア、経済の中心が大宮エリアという何とも大胆な大風呂敷を広げたようだが、そんな規模ではないにしろ、本社が埼玉県にない大手企業も大宮に支店を置くことが多いことから見ても、経済活動の大事な拠点、立派な商業都市として捉えているのは間違いないだろう。

さいたま市に本社がある有名企業も多数

大宮エリアがニューヨークかどうかはともかく、埼玉県一の商業都市として呼ばれる所以は、多くの商業施設・企業の支店が多いことから、このように呼ばれていると考えられる。都市について国際的に統一された定義はないといえ、ニューヨークは世界中の金融市場に大きな影響を与える言わば世界の中心。いくら何でもそんな場所と同格なわけないでしょ。

とは言っても、大宮エリアは大宮駅を中心にした消費型の商業都市であることは事実。大宮だけではなくさいたま市全域まで範囲を広げると、それを象徴する企業が複数ある。とくに小売業・サービス業に関しては全国的に有名な企業も多く、日本だけではなく海外にも店舗を展開している株式会社しまむら（本社はさいたま市北区）は、ファッションしまむらとして全国的に知られている存在。若年層を中心にした「しまらー」という造語を知っている人も多いのではないではないだろうか。「カッパカッパカッパのマーク？」のＣＭでお馴染みのカッパクリエイト株式会社も、大宮区に大宮区本社を置き、全国的に店舗を展開している有名な回転寿司のチェーンである。その他、さいたま市の中央区に本社を置く焼き肉チェーンの株式会社安楽亭、さいたま市西区に本社を置き、ホームセンターを全国的に展開している株式会社島忠などがある。

さらに埼玉県全域にそのエリアを拡大してみると、さいたま市以外にもチェーン展開を行っている小売業やサービス業が多い。埼玉県内ではもっとも発展しているであろうさいたま市だが、なんだかんだ言っても所詮は地方都市。自分でニューヨークなんて言ってる大宮区でさえ、中心となる駅からちょっと離れてしまうと住宅街が広がり、さらに旧大宮市に相当する北区・西区・見沼区まで範囲を広げると、畑や田んぼまであったえりするのだ。そんな地域でありながらこれらの企業が大きく成長した理由は、埼玉県民とライフスタイルと共にあったからといっても良いのではないだろうか。家族で食事、家族でお買い物が休日の定番となれば、その要望を満足させてくれるサービスを提供する企業が成長するのは当然のことである。結局のところ、ワシントンが浦和でニューヨークが大宮となぞらえた理由は、浦和に負けたくなかっただけなんじゃないの？　って気がする。断じて大宮はニューヨークじゃございません。

さいたま市に本社を置く企業一覧

企業名	住所	業種
三光ソフランホールディングス株式会社	大宮区大成町 1-212-3	建設業
株式会社ゴルフ・ドゥ	中央区上落合 2-3-1	小売業
株式会社スーパーバリュー	大宮区宮町 4-129 大栄ツインビル N 館	小売業
株式会社システムインテグレータ	南区沼影 1-10-1	情報・通信
株式会社朝日ラバー	大宮区土手町 2-7-2	ゴム製品
株式会社フコク	中央区新都心 11-2 ランドアクシスタワー	ゴム製品
日本製罐株式会社	北区吉野町 2-275	金属製品
株式会社エイチワン	大宮区桜木町 1-11-5 KS ビル	金属製品
日特エンジニアリング株式会社	南区白幡 5-11-20	機械
株式会社プラコー	岩槻区笹久保新田 550	機械
日本ピストンリング株式会社	中央区本町東 5-12-10	機械
株式会社芝浦電子	桜区町谷 2-7-18	電気機器
カルソニックカンセイ株式会社	北区日進町 2-1917	輸送用機器

企業名	住所	業種
カッパ・クリエイト株式会社	大宮区桜木町 1-10-16	小売業
株式会社安楽亭	中央区上落合 2-3-5	小売業
株式会社かんなん丸	南区南浦和 2-35-11 南浦和秀華ビル	小売業
株式会社ハイデイ日高	大宮区大門町 3-105	小売業
株式会社タムロン	見沼区蓮沼 1385	精密機器
リズム時計工業株式会社	大宮区北袋町 1-299-12	精密機器
マミヤ・オーピー株式会社	南区根岸 3-23-10	機械
株式会社島忠	西区三橋 5-1555	小売業
株式会社しまむら	北区宮原町 2-19-4	小売業
株式会社武蔵野銀行	大宮区桜木町 1-10-8	銀行業
株式会社ナガワ	大宮区桜木町 1-10-17 シーノ大宮サウスウイング	サービス業
株式会社栄光	南区南本町 1-2-13	サービス業
株式会社マミーマート	北区宮原町 2-44-1	小売業

※独自調査

さいたま市トピックス

地下街がない!?

多くの人々が集まる日本各地の主要な大都市には、必ずと言っていいほど地下街がある。とくに政令市として指定されている都市の大部分は、地下街があると考えて良いだろう。しかし、さいたま市には地下街ないのである。同じ政令指定都市の千葉市や仙台市にも地下街はないので、さいたま市だけがないという訳ではないのだが、地方にある商業都市としての規模では破格の大きさである巨大ターミナル大宮駅にさえ、地下街がないのである。

地上に降りずとも移動できるペデストリアンデッキと東西連絡通路があるとはいえ、東と西をＪＲの線路が巨大な川が分断するような構造になっているため、たったひとつの通路では混雑して移動し辛いことこの上ない。地下街を作るまでの需要がないといえばそれまでなのだろうが、もう少し移動手段を考えて欲しいところである。

商業都市といっても消費型の商業都市といった印象がどちらかというと強い大宮エリア

県庁所在地の浦和駅にはちょっとした地下の通路があるものの、なんと、駅のロータリーをショートカットするだけの何ともお粗末な代物。地下通路と言ったら、駅の反対側まで繋がってると思うでしょ。現在、浦和駅は大々的な改修工事が行われているので、近い将来は変わっているのかもしれないけど、もうちょっと工夫をした方が良いのではと思うのは自分だけではないはず。東口に建っているパルコまでの移動手段がわからず、思わず交番に行き方を聞いてしまいました。

昭和の匂いプンプン時代から取り残された大宮駅・東口

近未来的な大宮駅西口　昭和の匂い漂う東口

駅からそのまま商業施設に入ることが可能なペデストリアンデッキに、そごうや丸井、東急ハンズにソニックシティなど文化の中心となる建造物が多くそびえ立つ大宮駅西口。埼玉県最大の商業都市であることを物語る風景がそこにはあるが、これが駅の東口になると、その印象は大きく変わってくる。地上に降りずに移動できる西口に対し、地上に降りることから始まる大宮駅東口。そしてそこに広がる風景は、まさに昭和の風景そのもの。一応、それなりには栄えてはいるものの、西口と比較するとかなりうらぶれた感じ。地方都市にあるちょっと田舎の駅前と変わらないんですけど。

街の雰囲気は古いが活気に満ちている

そもそもどうして西口と東口で、こんなに差がついてしまったのだろうか。大宮駅東口開発についての一文を抜粋すると、大宮駅東口第一種市街地再開発事業は、土地の合理的かつ健全な高度利用と都市機能の更新を図るため、昭和58年に都市計画決定。しかし、地元からの合意形成が得られず、社会経済情勢の大きな変化もあり、また、本市は平成12年度の「大宮市公共事業再評価監視委員会」の意見具申を受け、平成14年度末と期限を設けて休止を決定。計画の抜本的見直しとなったとされている。この後、色々な意見を取り入れつつ説明会や懇談会等を重ね、最終的には平成16年4月15日付けで都市計画の変更（廃止）を告示となるのだが、簡単に言えば複雑に入り組んだ地権者達の合意が得ることができず、また、行政サイドに対する不信感もあったせいで再開発は頓挫。今後はそれぞれの立場を尊重して役割分担を行い、お互い頑張りましょうねってことである。

計画的に土地区画整理事業が進みまちづくりに成功した大宮駅西口と、揉めに揉めて中止になってしまった大宮駅東口の開発。それぞれの考えや計画があったはずなので、どちらが正しいと判断することは難しいが、街の再開発ではよくあるトラブルとも言える。当初の予定とは変わったけど、大宮駅は東口と西口でまったく違う雰囲気を味わえる街と考えれば、楽しみ方も増えるんじゃないでしょうかね。下手に小綺麗な街より、個人的には場末感漂う街の方が好きなんで。

さて、大宮駅東口に降り立ち、線路に沿って右側にある商店街が南銀座である。ナンギンの略称で親しまれている通り沿いには、小規模な店舗やゲームセンター、パチンコ屋などが並び、洗練された西口とは真反対の風景がそこにはある。このように記すと人通りが少ない寂れた商店街と思う人もいるだろうが、飲食店などが非常に多く軒を連ねているため、昼食時にもなるとかなり混雑を見せる。また、夕暮れ時には数多くある居酒屋やこぢんまりとしたスナックなどがオープンすることもあり、夜は夜なりの賑わいを見せる。見た目は昭和風の古い街並みなのだが、街全体は意外にも活気に満ちているのである。

大宮駅東口の正面にあるのがすずらん通りで、アーケードにはなっているものの、人が４人くらい横に並べば通りが埋まってしまうほどの小規模なもの。ここも昔ながら飲食店や雑貨屋などが軒を連ね、老若男女を問わず、人々が行き交っている。南銀座とは反対側、北銀座はもっともアダルティな街になっており、この辺については別の項で解説するので割愛させていただく。

ということで、大宮駅東口の街の雰囲気を解説させていただいたわけだが、街にはそれぞれの役割があり、西口には西口の、東口には東口の役割があるのではないかと思う。キレイに整備された街が必ずしも良いとは限らないのだ。一方が栄えれば他方が廃れるという街が多い中、どちらも人通りが絶えない街は珍しいとも言える。昭和の雰囲気を残しつつ、庶民の憩いの場であり続けてほしい。

駅舎の見た目からして何となく古く感じるのは偏見か？　中は世界的にも最新型なんだけど

近代的な西口とは異なり、東口は地上に降りての移動がメイン。駅前は昭和臭がプンプン

小さな店舗が軒を連ねるメインストリート南銀座。見た目はショボいが賑わってます

アーケードと言うにはあまりにも小さいすずらん通り。狭い通りには飲食店がいっぱい

さいたま市コラム 1

UHF局の雄「テレビ埼玉」の実力とは？

在京のキー局系列に属さないUHF局。埼玉県にもテレビ埼玉があるが、このテレ玉は独立U局組合が結成する「全国独立UHF放送協議会」の幹事局だったりもする。テレ玉の本社所在地はさいたま市浦和区。浦和から埼玉全土に向けて、テレ玉は少々特殊な番組の数々を放映している。

既存の在京キー局の番組を放送するのがメインとなる地方局とは違い、独立U局の強みはその地方色とオリジナリティ。テレ玉にも地域の名所を紹介する旅番組や独自の音楽番組、大宮競輪など公営ギャンブル番組、そしてライオンズやレッズ、アルディージャの専門番組などで、埼玉ならではの特色を発信している。

テレ玉を視聴できるのは埼玉県内だけ、ということもなく、東京など近隣県でも視聴は可能。というわけで筆者などもたまにテレ玉を視聴していたりする

のだが、まず気になるのは「CMがキー局と全然違う」ということだ。
U局に限らずテレビ番組というのはスポンサーがいてこそ成り立つワケだが、テレ玉のスポンサー達はすべて埼玉県内の企業。よって県民にはおなじみ、その他のエリアの人間には「なんだこれ」というラインナップになる。例として挙げれば、「うまい、うますぎる！」で全国的にも多少有名な「十万石饅頭」、いつ見てもかならず目にするほどのヘヴィーローテーションCMである「さいたま住宅検査センター」、「足早に足場屋」のダジャレが冴える「リホーム21」など。CM内容も大企業の物とは違い洗練されているとは言い難い、手作り感丸出し

なものが多い。これら地場産業に支えられてこその地方U局である。

ＣＭといえば、テレ玉制作のＣＭが一時期ネットで話題になった。ＴＶのリモコンを「タンスの裏に押し込む」「植木鉢の中に埋める」「紙粘土で包んで『船』とか言いつつ水没させる」といった内容で、「リモコンはもう使えません、そのままテレ玉をご覧下さい」という意図があるのだが、内容がシュール過ぎて意味不明だ。

埼玉県民以外でテレ玉をはじめとしたU局を視聴する層は、恐らくアニメファンだろう。地方U局でのみ放映するＵＨＦアニメをいかにチェックするかで、全国のアニメファンは四苦八苦している。残酷描写が問題となったアニメの最終回を、放送中止としたことで話題にもなったテレ玉であるが、アニメばかりではなく味の濃すぎるＣＭやオリジナル番組にも目を向けてみてはいかがか？

第２章

大宮は犯罪・ギャンブル・風俗の宝庫だ！

ギャングがいなくても減らない犯罪

さいたま市の中で一番みたいですね

人口10万人あたりの犯罪発生状況では毎年のようにベスト10入りを果たしている埼玉県。その中でもとくに大宮エリアは、1999年頃に台頭してきた赤ギャン・青ギャンと呼ばれるカラーギャングがいたことから（埼玉県の和光市や川口市にもいたらしい）、さいたま市の中でもっとも犯罪の多い街と呼ばれているが、実際のところはどうなのだろうか。

平成21年1月〜9月の暫定値ではあるが、さいたま市とその周辺の市区町村別犯罪認知件数を見てみると、大宮区の犯罪認知件数は23119件。当然の如くさいたま市10区の中ではブッちぎりのトップで、堂々の1位に輝いている。

とはいえ、大宮区は埼玉県民の誰もが認める、埼玉県最大の商業都市。他区より犯罪が多く発生してしまうのは当然と言えば当然なのだが、実はそれだけではなかったりするのが大宮区の凄いところ。さいたま市だけではなく周辺の市区町村を含め、推計人口から犯罪率をはじき出すと、大宮区の数値は21・46。周辺市区町村の平均犯罪率が12・03であることを考えると、約１・８倍も他の地域より犯罪が発生しているのである。さいたま市の中では、岩槻区がベスト10入りを果たしているが、その他の区はそれほど悪くない数字。しかも、永遠のライバルである浦和区は、大宮区よりも人口が多いにもかかわらず犯罪発生率は45位。ヤンチャな大宮、お行儀の良い浦和はこんなところでも証明されてしまいました。

大宮区だけじゃなく埼玉県自体も犯罪多し

続いて、さいたま市内で発生した犯罪を犯罪種別に見てみたのだが、唯一、風俗犯は見沼区との同率首位となっただけで、凶悪犯や粗暴犯など、いずれの種別もダントツでトップ。カテゴリーに属している犯罪をさらに細かく分析すると、乗り物盗などは大宮区より南区の方が多かったりするのだが、トータル犯罪認知件数で見れば、大宮区は見事、さいたま市の犯罪6冠王（凶悪犯・粗暴犯・窃盗犯・知能犯・風俗犯・その他）に輝いてしまった。さすが、大宮区。

さて、約120万人の人口を抱えるさいたま市が、埼玉県内でもっとも犯罪数の多い地域であることは間違いないが、実は埼玉県自体、意外と犯罪の多い都道府県だったりする。都道府県別の犯罪認知件数によると、平成19年度で言えば東京都、大阪府、愛知県に次いで4位、人口10万人あたりの認知件数も7位と共にベスト10入りをしている。大宮区だから犯罪が多いんじゃなくて、埼玉県自体が犯罪のメッカというのが真の姿じゃないの？

※　※　※

2009年の状況は以上のような感じであったが、これは変化しているのだろうか。結論からいうと、犯罪の発生率はかなりの減少傾向にある。

まず、2009年1～9月に約2300件あった大宮区のデータをみてみる。最新のデータである2016年1～8月では約1600件。9月は1カ月で7

００件もの犯罪が発生するとは考えづらいので、かなりの減少と考えて差し支えないだろう。犯罪率が09年の21・46から13・9と半分近くになっていることも、これを証明している。

ただ、さいたま市としては大変良い数字ではあるのだが、大宮区としては手放しで喜べない。09年に「犯罪率が周辺の倍」であったことは前述したが、これに関してはほとんど変化していない。16年の県平均は6・42なので、13・9の大宮区は、相変わらず「周辺の倍の確率で犯罪が起きやすい」場所であることに変わりはないわけである。

近年、さいたま市に限らず、首都圏における犯罪の発生件数が全体的に減少している。ただ、この減少傾向にも「統計の取り方を変えたのではないか」とか、「警察の能力が衰えて、発生を把握できない犯罪が多いのではないか」などの疑問もある。また、少子化の進行による「社会の活力の衰え」が影響している、という見方もあるわけだ。そう考えると、大宮区の犯罪率が相変わらず周辺の倍あるというのは、大宮は今も元気！　な証拠といえなくもない。まあとりあえず、色々な見方ができるということは、覚えておいてもらいたい。

認知件数と人口1,000人あたりの発生率）

平成28年1～8月			
認知件数	推計人口	犯罪率	順位
476	87,754	5.42	39
917	144,028	6.37	22
1,583	113,917	13.9	1
943	162,314	5.81	35
627	99,008	6.33	24
600	97,914	6.13	29
816	155,850	5.24	43
909	181,142	5.02	48
717	117,521	6.1	30
819	109,917	7.45	8
2,368	350,823	6.75	16
4,069	579,526	7.02	12
1,739	232,011	7.5	7
1,317	225,012	5.85	34
2,973	338,628	8.78	3
670	72,654	9.22	2
1,014	137,119	7.4	9
734	136,866	5.36	41
382	73,026	5.23	44
614	108,461	5.66	38
260	62,319	4.17	60
46,677	7,268,405	6.42	-

埼玉県警（平成21年1月～9月・暫定値）（平成28年1月～8月・暫定値）

さいたま市とその周辺の市区町村別の犯罪

市区町村	平成21年1～9月		
	認知件数	推計人口	犯罪率
さいたま市西区	728	83,156	8.75
さいたま市北区	1,603	138,109	11.61
さいたま市大宮区	2,319	108,063	21.46
さいたま市見沼区	1,638	155,972	10.5
さいたま市中央区	1,044	94,264	11.08
さいたま市桜区	1,157	95,581	12.1
さいたま市浦和区	1,516	143,871	10.54
さいたま市南区	2,035	173,408	11.74
さいたま市緑区	1,321	109,469	12.07
さいたま市岩槻区	1,649	109,775	15.02
川越市	4,428	340,123	13.02
川口市	7,892	562,531	14.03
春日部市	2,856	236,007	12.1
上尾市	2,590	223,660	11.58
越谷市	5,190	323,335	16.05
蕨市	1,307	71,118	18.38
戸田市	1,886	121,713	15.5
朝霞市	1,368	128,675	10.63
志木市	803	70,357	11.41
富士見市	1,177	106,389	11.06
蓮田市	637	63,289	10.06
総合計	86,224	7,167,956	12.03

鳩ヶ谷市と川口市の合併により、平成21年数値は川口市の項目に合算

「最強線」とうたわれた痴漢電車のメッカ埼京線の虚実

首都圏で痴漢電車と呼ばれている2強と言えば中央線と埼京線。痴漢が多い路線の特徴として、駅と駅の距離が長く、長時間同一方向のドアしか開かないため、奥に押し込められた女性が逃げにくくなっているためと言われている。

埼京線は、そんな中でも「最強線」「最凶線」と呼ばれ、2004年の警視庁調査では、首都圏ぶっちぎりの痴漢件数を誇って（？）いた。そもそもの「痴漢が多い」

というイメージが、数字で証明されてしまったわけだ。

これを受けて、ＪＲは対策を講じた。痴漢が多いのは先頭・最後尾の車両といわれ、対策として女性専用車両を導入。当初は深夜帯のみの導入だったが、２００５年から朝の通勤時間にも女性専用車両を設けた。しかし、女性専用車両導入後も被害は減少せず、さらに監視カメラを設置する。今度は大きな効果を発揮し、統計によると最大で６割の減少を記録したという。監視カメラ設置後の２０１０年調査では、ついにトップの座から陥落を果たし、中央線に次ぐ2位の座を獲得した。

ただ、この年の調査ではトップの中央線が１１７件、2位の埼京線が１００件となっており、これで半減ということは中央線の倍近くあったのかよ！　というわけで、単純には喜べないかもしれない。

ともあれ、効果が出ていることは喜ばしい。監視カメラの力を借りたとはいえ「最強・最凶線」の名は返上。今後、古い情報に踊らされて「痴漢が多いんでしょ～」などといわれたら、きっちり「今は2位！」といい返しましょう。

ギャンブル好きには環境が良すぎ？

公営ギャンブルをフルコンプリート

ギャンブルと言われて、読者の皆さんはどのようなものを想像するだろうか。海外で真っ先に挙げられるのはラスベガスやマカオにある巨大なカジノになるのだろうが、日本では中央（地方）競馬、競輪、競艇、オートレースの４つが公営ギャンブルとなる。テレビを付ければ毎日のようにＣＭが流れているパチンコは、一般的には七号営業と呼ばれる風俗営業の形態のひとつで、ギャンブルとして認められてる訳ではない。気軽に行けるぶん、下手な公営ギャンブルより負けるような気がするけどね。

さて、本書ではさいたま市というタイトルで構成しているわけだが、ここではさいたま市の公営ギャンブルだけではなく、埼玉県のギャンブルを解説していく。あらかじめご了承願いたい。最初に4つの公営ギャンブルを紹介したが、すべての公営ギャンブルが揃っている都道府県は意外と少ない。オートレースは開催地が全国で6カ所しかないため、なかなかすべての公営ギャンブルをコンプリートするのは難しいのだが、埼玉県には川口オート（川口市）、大宮競輪（さいたま市）、西武園競輪（所沢市）、戸田ボート（戸田市）、浦和競馬（さいたま市）があるため、日本でも数少ない公営ギャンブルが揃っている県なのである。埼玉県自体にギャンブルの街という印象はないのだが、明日は競輪に行って、明後日からは競艇かぁ……なんていう生粋のギャンブラーが暮らすには、最適のロケーションなのである。

ギャンブル好きにはたまらない環境

埼玉県以外の都道府県で、公営ギャンブルがすべて揃っているのは千葉県と福岡県の2カ所だけ。かつては群馬県も公営ギャンブルが揃っていたのだが、

2004年12月31日を以て高崎競馬が廃止されたことにより、日本全国でこれらが全部揃っている都道府県は3つだけなのである。とはいっても、近年はインターネットによる投票が可能となり、場外売り場も充実しているため、わざわざ開催地に出向くことなく楽しむことができるようになったが、それでもギャンブル好きは現地に赴いて楽しむ人が多いようだ。まぁ、日々、ギャンブルのことだけしか考えていないせいで、システムに疎いってのが本当の理由なんだろうけど。

そして開催日になると、どこからともなくギャンブルに飢えた人々がそれぞれの施設へと集まってくるのだが、ファッション化に成功している中央競馬と比較すると、正直に言わせてもらえれば限りなくガラが悪い。ここ最近は、競輪や競艇もイメージCMを流し、悪いイメージを払拭しようと試みてはいるが、来場者を見る限りでは厳しいような気も……。

公営ギャンブルで地方財政は潤う?

地方財政を支えているのは当然のこと、社会福祉や教育など、多岐に渡って役立てられているはずだったが、現状は赤字に苦しむギャンブル施設は多い。実際、他の都道府県でも、事業からの撤退を余儀なくされた話を良く耳にする。西武園競輪や大宮競輪もご多分に漏れず赤字経営が続き、主催していた市が撤退。現在は県の単独開催となり、民間に委託され運営を行っている。

かつては公営ギャンブルがあれば、学校がひとつ建つなんて言われていたらしいが、現実は地方財政を圧迫し、逆に市民の税金が充当されるような始末。それでなくても周辺環境のイメージを損なうと、地域住民から嫌われている公営ギャンブル。このような状況が今まで以上に続くと、より一層、逆風となることは間違いないだろう。とはいえ、過去には様々な面で大きく社会貢献をしてきた事業。地元住民の方々も、広い心でギャンブラー達に接してあげて下さい。

さいたま市とその周辺の公営ギャンブル施設

川口オート
全国で6カ所しかないオートレース場のひとつで、元SMAPの森且行選手が活躍していることでも有名となった。売り上げ、入場者数共に全オートレース場の中で1位となっている。
西武園競輪
埼玉県所沢市にある1周400メートルの競輪場で、施設の所有者は西武鉄道。近年は赤字経営が続き、主催していた所沢市、川越市、行田市、秩父市が撤退したため、県の単独の開催となった。
大宮競輪
埼玉県営大宮公園内にある競輪場。東日本地区では初めて開設された競輪場であり、1周は500メートル。西武園競輪同様、さいたま市、川口市、熊谷市が撤退したため、県の単独開催となっている。
戸田競艇場
埼玉県戸田市にある競艇場。関東の競艇場では売上・利用客共に多く、1964年に開催された東京オリンピックのボート競技もここで行われた。戸田ふるさと祭りの競艇場が会場として使用される。
浦和競馬場
埼玉県さいたま市南区に所在する地方競馬場。地方自治体の主催として最初に開催された、地方競馬場でもある。一時期は赤字経営に苦しんでいたが、近年はそこから脱却し黒字経営が続いている。

※

さいたま市の風俗は大宮にまかせろ！

表向きは廃娼県！　実は裏でやってます…

大宮における風俗の歴史は、東京の吉原や横浜の黄金町のようなディープなものではなく、比較的あっさりしているというか、深みのある話がない。それもそのはず、埼玉は昔から廃娼県として有名だったようで、公に遊べる遊郭のような場所はなかったとされているのだ。

大宮も例外に漏れず、遊郭はなかったはず……なのだが、ただでさえ娯楽が少ない時代。欲求不満の男たちがわんさかいるのだから、それを目当てに商売をする輩が出てくるのは自然の摂理。実際には料亭などを使って売春が行われていたようだ。大正時代に埼玉の主立った私娼を公娼と認めたさいに、大宮も含まれていたことがなによりの証拠。そして、その名残ともいえるのが、ここで紹介する南銀座と北銀座の一帯だ。

南銀座と北銀座は大宮駅の東口を背にし、左右に存在するのだが、もともとの規模が小さかったせいか、政令指定都市の風俗街としては若干物足りなさを感じてしまう。だが、さいたま市内にはここ以外に風俗街と呼べる場所がなく、抜きたくなったら大宮に行くしかないのである。

全体的にリーズナブル　だが質はそこそこ良い

歴史的な解説はこれまでにして、現在の風俗事情について解説。まず、軽く遊びたいな?と思ったら、南銀座がオススメ。東口を背にし右方面に歩いていけば、独特の臭いがしてくるので、よほど鈍い人でもなければ迷うことなく、それらのお店を発見できるだろう。南銀座のメイン風俗といえば、やはりピンサロだ。店舗にもよるが基本的には安い。しかも、朝7時からやっているお店もあるので、出勤前のひと抜きも全然ＯＫ。埼京線で痴漢に間違われそうにな

って も、「俺じゃない、だって大宮で抜いてきたもん！」と強気で説明すれば、ニッコリ笑って釈放してくれるはず（大嘘）。また、南銀座にはキャバクラやスナックなどの飲み系、それらにエロを足したセクキャバなどもあるので、「抜きはちょっと……」というデリケートな日も遊べるのが嬉しい。

これに対して北銀座は、雄々しい男たちを喜ばせる、ソープランド街だ。南銀座とは逆方面へまっすぐ行くと、ひっそりとその姿を現す。規制が厳しいせいか客引きなどがいないため、ソープランド街独特の賑やかしさや緊張感は皆無。その代わり、近くには専門学校やオフィスビルがあり、一般人の往来が多いのが難点か？　慣れた人なら気にならないと思うが、人の目が気になるビギナーは夜に行くのがいいだろう（駅から北銀座に向かっている時点でソープ目当てなのはバレバレだけど）。

客引きがいないので、総額が分からない店舗もあるが、インターネットなどでシステムを確認していけば問題ナシ（分からなければ電話で聞くのがベスト）。調べてみればわかると思うが、南銀座同様に北銀座もリーズナブルなお値段で遊べる。安い店だとお年をめした嬢が出てくると思いがちだが、大宮はそれに当てはまらず。もちろん激安店ではその可能性が高いが、大宮の場合、他と比べて安いだけで、2〜3万程度のお店であれば、地雷に当たる可能性は低く、安心して遊べるだろう。

※　※　※

さて、以上のルポが2009年頃の状況だが、そこから7年ほど経過した2016年現在、大宮の風俗街はどんな状況にあるのだろうか。近年、風俗産業は大きく変化した。2005年の法改正により、店舗型の風俗店が衰退し、代わって派遣型の店舗が増加したのである。法改正から数年後の09年と10年以上経過した現在ではどのような違いがあるのだろうか。

という状況にありながら、少なくとも印象としては、北銀座は大した変化は感じなかった。ただ、南銀座には静かな変化があったようだ。ピンサロはやはり減少し、無料の情報館を覗いても、キャバクラやホストクラブの案内が目に付いた。出会い喫茶のチェーン店が出店していることから、南銀座が大規模な「遊びの街」であることは変化していないようだが、やはり往年のピンサロ天国的なイメージを持って訪れると、肩すかしを食らうかもしれない。

この猥雑とした雰囲気がたまらない。西口とのギャップを楽しむのもあり

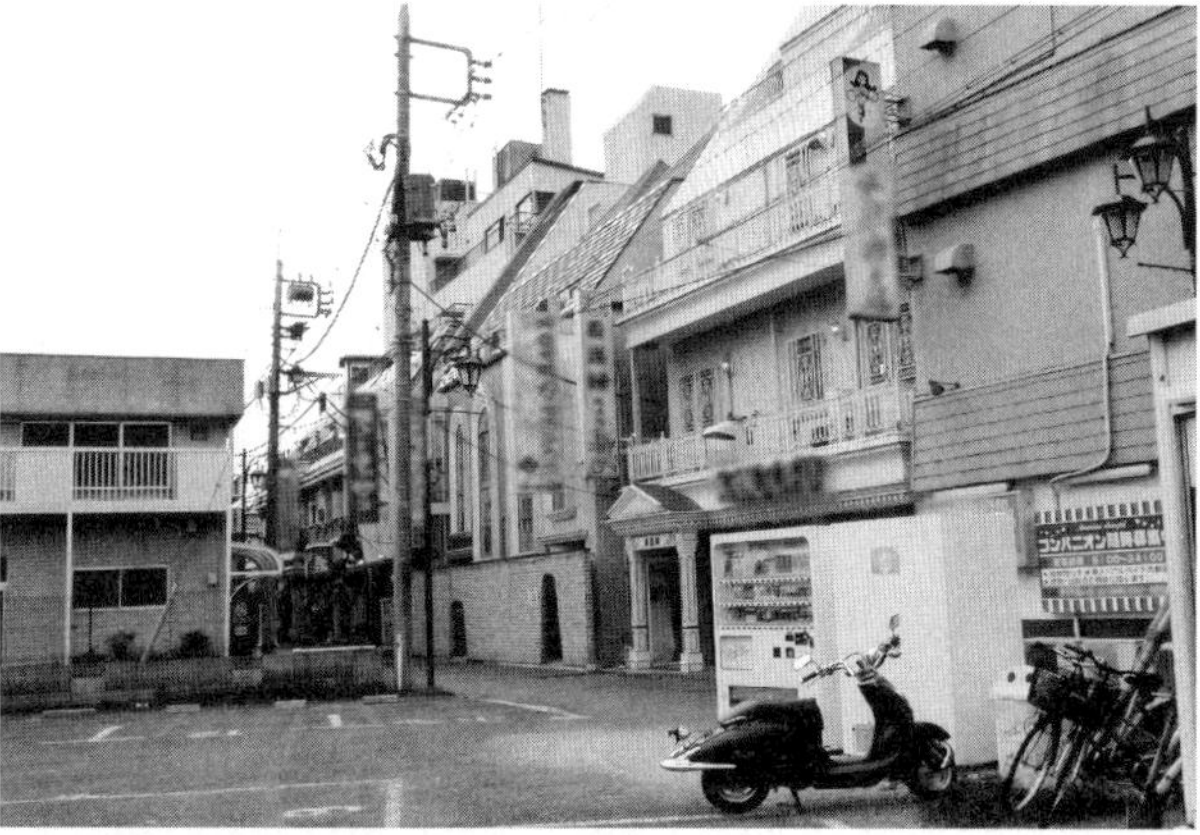

ソープランド以外にもヘルス店も存在している。予算と相談してお好きなお店へ

さいたま市トピックス

「聖地」西川口の今

埼玉で風俗といえば、忘れちゃいけないのが西川口だろう。かつての西川口には本番行為のないピンサロで本番行為を行う店が乱立し、全盛期は吉原に匹敵する関東有数の風俗街として全国各地から人が集まった。また、そのスタイルは駅名の頭を取り「ＮＫ流」と呼ばれ、他地域でも使われるほど有名になり、一種のプレースタイルとして定着していくことになる。

だが、その人気と比例して、西川口の治安は悪化していった。拳銃発砲事件や大麻売買など、一般市民が安心して住める地域ではなくなってしまったのだ。このような背景により、２００６年の風営法改正を機に、埼玉県警は違法風俗店の摘発が強化。いわゆる「ＮＫ流」を売りにしていた店は全滅となった。

違法風俗店が無くなり、街の治安は徐々に改善したものの、新たな問題が浮上することになる。それは、違法風俗店と共に、街に人がいなくなってしまっ

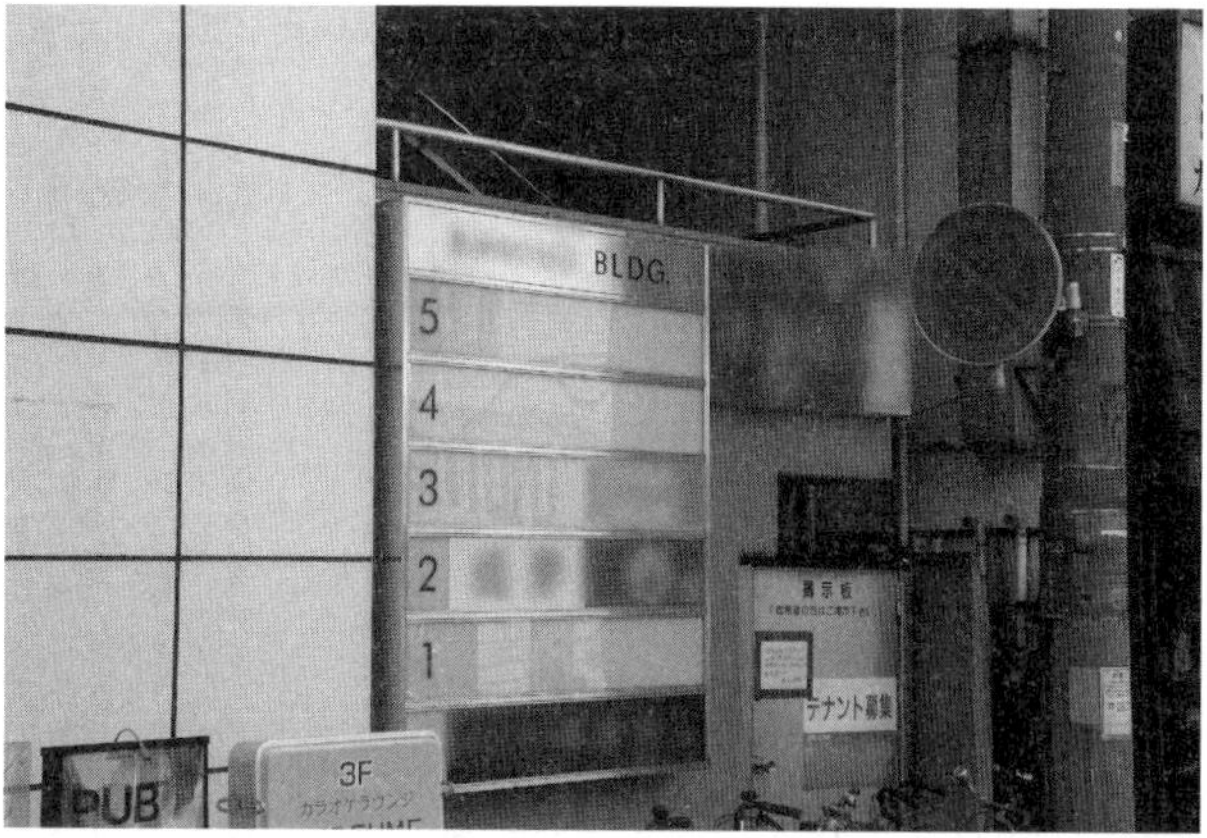

風俗街のレッテルはそう簡単に剥がれない。再生への道はかなり厳しいだろう

たのである。言わずもがな、西川口は風俗で成り立っていた街。その街の主要産業が無くなったのだから、当然の結果であった。

浄化作戦から3年たった街並みは相変わらず活気がない。地域住民の手によって、西川口を活性化させるべく「アート作戦」や「B級グルメタウン」などのイベントが行われ、それなりに人が戻りつつあるようだが、継続的な活性化にはつながっていない。違法風俗店が残した問題は、かなり根深いようだ。

ハイソな匂いがする西区プラザ
その影にはまた東急が

さいたま市西区にあるプラザとは？

さいたま市の北西部に位置するさいたま市西区は旧大宮市の西側に位置し、指扇地区・馬宮地区・植水地区・宮前・三橋の一部で構成された地域で、さいたま市の中でも田んぼや畑の多い田舎……、もとい、のどかな地域である。また、指扇（さしおうぎ）、水判土（みずはた）、西遊馬（にしあすま）など、地元住民しか解読できないであろう、不思議な地名が多い地域でもあるのだが、その中に一際異彩を放つプラザなる地名がある。プラザと言えば、神奈川県横浜市青葉区にある高級住宅街として知られる、たまプラーザを思い浮かべる人も多いことだろう。たまプラーザ駅を中心にショッピング施設が建設され、駅周辺にはカフェや美容院、エステなどのハイソなショップが並ぶ、東京急行電鉄株式会社（略称は東急）が開発を手掛けた最先端の街である。そんなハイソな街が、こんなド田舎の……、もとい、のどかなさいたま市西区に存在するのだろうか。

駅前には何もないハイソなプラザはどこ？

さいたま市西区にあるプラザの最寄り駅指扇駅は、ＪＲ東日本の川越線にある。電車に乗っていけば分かるのだが、車窓からはのどかな風景が広がる感じになっており、駅前はただの田舎駅という感じである。とはいえ、すでにこの辺りにくれば、人々の移動手段は間違いなく車で車文化圏。車で行けば開発された地域があるのだろうと思っていたのだが、行けども行けども広がるのは一面の畑と田んぼ。とてもじゃないが、プラザという感じがしないのである。そして田んぼの遥か奥に、小洒落た住宅街を発見。そこが件のプラザだったのである。

現在はプラザの名称が付けられているこの地域は、旧大宮市西部の馬宮、二ツ宮、新屋敷、土屋等の地区にまたがり、１９７1年から１９７5年にかけて開発され、かつては大宮プラーザという名称で呼ばれていた住宅街である。確かに街には豊かな緑があふれ、静かで落ち着いた住宅街ではあったのだが、如何せん駅からのアクセスが悪すぎる。しかも、開発から35年以上もの月日が経過しているせいか、建物自体は非常に豪華な作りが多いものの、やや老朽化が進んでいるようにも見える。いま現在、約３７００人の住人が暮らしているようだが、65歳の以上の人口は30％に達し、西区の平均の19・８％に比べると、大きく上回っているようだ。ご年配の方々がのんびり暮らすにはそれなりに環境は良さそうだが、若者が暮らすにはやや不便そうな地域と言えそうだ。というか、単なる田舎の住宅街なんですけど。

さいたま市で圧倒的な勢力を誇るＪＲ東日本に屈したのかは定かではないが、東急が開発を手掛けたにしては中途半端な感じがしてしまう。周辺が農地ということもあるのだろうが、同じ東急開発のたまプラーザと比較すると、街の規模は天と地ほど違うというのが正直な感想である。都会的な街が必ずしも良いというわけでないので、これはこれで完成形なのかもしれないが、緑の多さが魅力と言われてもなぁ。

※　※　※

と、散々だったプラザ。しかしここにも再開発の手は伸び、状況は変化しつつある。まず、最大の懸案だった指扇駅の完成だ。以前は、どうみてもイナカ駅だった指扇駅が建て替えられ、駅前にはロータリーができるなど、大幅に雰囲気が変化した。近隣にできた西大宮駅に客が流れ、2009年以降利用者は減少していたが、駅工事の終わった2015年には利用客が増加している。西大宮駅も、開業以来順調に利用客を増やしており、このエリア全体を行き交う人間の数が増えているのは確実だ。

ただ、今のところはキレイな駅とピカピカのロータリー以外ほとんど何もない、というのが指扇駅周辺。今後店舗の出店などがあれば住環境としては向上するだろうが、元々、秀明や県立大宮武蔵野高校などの最寄り駅であり、学生が多い。地域住民向け店舗と高校生向けの店舗のバランスが悪いと、別の意味で使いづらい街になってしまうことも考えられる。今後プラザ地域がどのように発展していくのか、なかなか興味深い。

プラザの周辺は一面たんぼと畑。ハイソな匂いよりも土の匂いの方がはるかに強い

プラザの中央通り。豪華な住宅が確かに多いが、行き交う人の数が少なく活気はイマイチ

見沼区は開発が遅れてまだまだド田舎

区名と場所が一致しなくて分かり辛い

旧大宮市の東側に位置し、さいたま市にある10区の中では人口と面積では2番目の規模を誇るさいたま市見沼区。大砂土東地区、春岡地区、七里地区、片柳地区で構成されており、緑と自然に囲まれた非常にのどかな地域である。見沼田んぼと言えば、1965年に定められた見沼三原則により保全されている地域。ただ、見沼たんぼ自体はその大部分が旧浦和市である緑区にあり、また、見沼という地名は緑区と北区にあるが、肝心の見沼区にはないという、なんとも中途半端な区名。政令指定市移行後の区名案の公募結果を発表した際、候補に上がった上位7位までの区名案は「大宮東」、「見沼」、「東大宮」、「緑」、「東」、

「大宮」、「七里」だったそうで、その後に行われた区名投票の結果は「大宮東区」、「緑区」、「東大宮区」、「見沼区」、「芝川区」、「宮東区」が最終的に残ったようだ。

さいたま市のポジションから考えれば、「緑区」か「東区」が順当なネーミングと言えるのだが、なぜか「緑区」が浦和東部で採用されてしまったせいでややこしくなってしまい、それではと見沼区に反対していた住民は「東区」を希望したものの、合併を模索していた岩槻市の方が東にあるからということであえなく却下。結局、すったもんだの上、市からは「見沼代用水」に由来する歴史的な名前だということで見沼区に決まったようだが、区名と場所が一致していないせいで、かえってややこしくなっている気がするんですけど。

とくに何もないから散歩をするしかない

区名の決定からトラブルを抱えた見沼区だが、基本的には東武野田線以外は何もないという地域である。芝川を堺に大宮第二公園、大宮第三公園はあるものの、そこは大宮区。対岸には大和田緑地などもあるが、大宮区側の充実度と比較するとかなりショボい。市民の森や体験農場ができる地域は北区、そして見沼たんぼと呼ばれる大部分は緑区と、なんとも切ないポジションである。さらに自らの区にはない施設にもかかわらず、みぬまの広場や、見沼グリーンセンターなどの名前が付けられているからややこしい。その地域に住んでいる人ならともかく、よそから遊びに行こうと思った人々が混乱してしまうこと請け合いである。

さて、そんな見沼区最大の見所をわかりやすく解説したのが、さいたま市もオススメする見所散歩みちマップである。その散歩みちマップでは、

①「芝川土手と斜面林」
②「氷川女体神社と歴史」
③「農と見沼代用水の原風景」
④「見沼通船堀と水風景」
⑤「盆栽村と鉄道の風景」
⑥「田園風景と新都心の眺め」

の6カ所が見沼たんぼの散歩みちとして紹介されているのだが、①の芝川土手

が何とか地域に入っているという感じで、それ以外は近いけど見沼区ではないというビミョーな位置関係になっている。唯一、見沼区が入っている芝川土手の散歩なんて、周囲はたんぼや畑だけの何にもないただの川沿い。しかも、整備されているのはどちらかというと川向こうになる大宮区側で、見所と呼べるポイントが本当に何もないのである。というか、さいたま市もこんなところをオススメ散歩みちマップに指定するなよな。

結局、見沼区と区名でありながら、実際には見沼たんぼがないため（わずかにはあるのだが）、区の存在自体がぼやけてしまっている見沼区。こんなことを言っては元も子もないが、区の名前からもう一度、考え直した方が良いような気がするんだけど……。

見沼区にも公園はあるが、主要な施設は大宮区に……。とにかくに人が少ない

周辺はたんぼと畑だらけ。ただ、見沼たんぼの大部分は緑区にあったりする

存在感はあるのかないのか？東武野田線の意味

大宮駅から千葉県の柏駅までを繋ぐ東武野田線。すでに大宮駅からかなり奥まった場所に駅があり疎外感たっぷりな感じだが、電車に乗った途端、車窓からの景色もみるみるうちに変わっていく。いずれの駅も駅舎が小さく、田舎を走る電車の趣き。七里駅に降りて個人で営んでいる自転車の駐輪場を久々に見たのだが、人口１００万人以上のさいたま市と言えど、こんなところもあるんだなと妙に感心してしまった。

北区の中心駅は一体どこ？まさか盆栽村じゃないよね!?

都会でもなく田舎でもないエリア

さいたま市の北央部に位置し、生活基盤の整った良好な住宅地として形成されているさいたま市北区。区内には高崎線（宮原）、宇都宮線（土呂）、川越線（日進）、埼玉新都市交通ニューシャトル（加茂宮・東宮原・今羽・吉野原）の駅があり、また、区内には東武バスが走っているため、日常の足には事欠かないエリアと言えるだろう。

大きな繁華街はとくにないものの、日常生活ではそれほど不便さを感じないさいたま市北区。遊びに出かけるのであれば、電車で大宮に行けば良いだけなので問題はないのだが、それ故に北区の中心地ってどこと聞かれると、その地域を特定するのが難しい。北区役所が宮原町にあることを考えると、ニューシャトルの加茂宮駅、もしくは宮原町が中心とも言えるのだが、加茂宮駅自体の見た目はかなりショボい。それだと高崎線の宮原駅や、宇都宮線の土呂駅、川越線の日進駅の方がマシなのかと言えば、ここが中心だと言えるほど駅前が栄えている訳ではないのである。いずれ駅からも区役所までそれほど遠くはないので、ある意味、まとまっているとは言えるのだが、中心地がよく分からない区なのである。とはいえ、ベットタウン化された区内は人々が住むには申し分のない環境で、北区役所の横には巨大なショッピングセンターがあり、車でも自転車で出かけるのも便利。敷地内にある大きな広場では、子供達が元気に遊んでいる姿を目撃することができたぞ。

北区にある唯一の観光名所は盆栽村

最寄り駅は大宮区の東武野田線大宮公園駅となるが、そこから徒歩で約5分の所に盆栽村（北区盆栽町）という地域がある。盆栽村が誕生したのは192

5年（大正14年）とされており、1923年（大正12年）の関東大震災がそもそもの成り立ちと言われている。

当時、東京都の文京区や豊島区には多くの盆栽職人が住んできたが、震災で焼け出されて何もかも失ってしまう。その盆栽職人達が自然豊かな土地と良い水を求め、移り住んできたのが盆栽村と言われている。ほぼ碁盤の目状に区切られた区画の間には盆栽園が点在し、盆栽業者と盆栽愛好家のための町を作るという明確な意図があったため、移住条件として「盆栽を十鉢以上持つ」、「二階家は建てない」、「垣根は生垣とする」、「門戸を開放する」といった条件を定めた。太平洋戦争中には盆栽は贅沢品として統制の対象となり、盆栽園の廃業も相次いだが、これまでの苦労が後に実を結び、盆栽町地区は県内でも数少ない特別風致地区に選定され、国土交通省選定の都市景観大賞「都市景観100選」にも選ばれている。

このような成り立ちのある盆栽村だが、簡単に言えば立派な盆栽が庭にいっぱいある閑静な住宅地で、よほど盆栽に興味がない以上、それほど楽しめる場所といった感じではない。ただ、しっかりと区画整備されているため、緑を感じながら散歩をするのには最適。また、町内には日本の近代漫画の創始者である北澤楽天の業績を記念した漫画会館があり、興味がある人は立ち寄ってみても良いだろう。ただ、漫画とはいっても現在とは趣が異なり、漫画喫茶のように漫画が読める施設じゃないので注意。

結局の所、町の中心がどこにあるかわからないさいたま市北区だが、区名を決定する際、盆栽区という名前も挙がっていたようだ。確かに盆栽は世界的にもＢＯＮＳＡＩとして認められている立派な文化だとは思うが、盆栽区はさすがにカッコ悪くね？

区役所の隣には巨大なショッピングセンターがある。郊外のベットタウンという感じだ

閑静な住宅街という雰囲気漂う盆栽村。散歩している人達が思いのほか多くいた

さいたま市コラム 2

武蔵一宮氷川神社

旧・大宮市民が誇れるものは3つある。大宮アルディージャに新幹線駅、そして氷川神社だ。が、アルディージャはお隣浦和のレッズと比べてしまうと相当格が落ちるし、新幹線の停車駅は各県にまんべんなくある。大宮ならではのご自慢といえば、やはり氷川神社ということになるだろう。その成り立ちはなんと「古事記」「日本書紀」の時代である紀元前5世紀……と氷川神社の社史には記されているが、まあこれは信憑性に疑問も残る。とはいえ記紀が書かれた奈良時代にはすでに成立していたのだから、国内有数の由緒正しき神社だ。「大宮」という地名も、氷川神社を「大いなる宮居」すなわち「大宮」と呼んだことに由来する。

主祭神は須佐之男命、奇稲田姫命、大己貴命（大国主）の三神。以前は須佐之男命のみを祀っていたのだが、三神合祀となったのはある理由がある。さい

たま市内には奇稲田姫命を祀る氷川女体神社、大己貴命を祀る中山神社もあるのだが、この三社の主祭神にはある関係が。奇稲田姫命は須佐之男命の奥さんであり、大己貴命はスサノオさん夫妻のご子息なのだ。もともとは別居状態だったが、誰が言ったか「やっぱり家族は一緒がいいよね」ということで、明治維新の頃に氷川神社で三神を祀るようになったという。二世帯住宅ですな。大己貴命などは180柱の神を産んだ子だくさんだから、三世帯住宅にならなくてよかった。が、「氷川神社の主神はむしろ大己貴命で、オヤジが押しかけてきて家を乗っ取った」（意訳）とする文献もある。ちなみに氷川女体神社は緑区、中山神社は

見沼区にあり、いずれも見沼（区名ではなく昔存在した沼のこと）のほとりに位置することから、水神を祀るために作られたのだろう。

埼玉県内の有名な神社といえば鷺宮神社（鷺宮町）もあるが、こちらは社の持つ御利益とは別の理由、某アニメの舞台になったことで聖地扱いされ「痛絵馬奉納」や「境内で踊るコスプレイヤー」が話題に。地元は突然の参拝客増に喜んだが、一般的には「神社で遊ぶなよ」という声もあるので、喜んでばかりいるのもどうなのよ？　麻布十番にある分社の氷川神社も似たような理由で聖地となったことがある。一方で本家大宮の氷川神社は、祀る神様が神話中でも桁違いの強面。軽薄な人気など必要とせず、純粋に神徳で多くの参拝客を集めている。09年度の初詣客は200万人、皆さんも新年早々荒ぶる神に性根を叩き直してもらってはどうだろうか。とくに鷺宮に集まるアニオタとかは。

第３章
政治の中心・浦和はハイソでプライド高い

政治の中心はワシントン・浦和
何が何でも大宮には渡さない

何かと張り合う同格の巨大都市浦和&大宮

大都市が周辺の市町村を吸収する、というのがよくある合併劇なのだが、浦和市と大宮市の場合はどちらも大都市、ほぼ同格という関係だった。それだけにさいたま市誕生までには多くの問題が発生したし、全国的にも注目されたワケだが、現在のところはさいたま市誕生で双方WIN－WINの関係にあると見ていいようだ（細かい問題は色々あるが）。

「ほぼ同格」と説明したが、例えば合併前の両市を比べると、人工は大宮市が約46万人、浦和市が約49万人とやはりほぼ同じ。間に挟まれた与野市の人口は約8万人強、遅れて加わった岩槻市は広大な面積の割には約11万人だから、浦和・大宮の占めるウェイトは非常に大きい。ただし街の果たす役割という面では、浦和と大宮はまったく異なっており、大宮は交通の要所にして県内最大の商業都市、浦和は県政の中心地にして全国有数の文教都市であった。商業と政治、教育、どちらが格上というものでもなく、またどちらも埼玉県内の重要都市であることは間違いなかったのだから、「重要都市としての格」でも互角の勝負を繰り広げていたワケである。つまり例えるならば、ニューヨークとワシントンの関係だ。そんな大都市同士の合併だからこそ、さいたま市誕生は日本全国に「双子都市合併のモデルケース」として脚光を浴びたのだ。

商業都市・大宮に対して政治と文化の浦和。この2都市の場合、その担当する役割がスパッと分けられているのも面白い。両市に挟まれた与野市は両方の美味しいところをつまみ食いしつつ、合併を期に大発展（さいたま新都心）を遂げたのだから、油揚げをかっさらったようなものか。後述するので詳しくは述べないが、与野市の本音はサッカーよろしく「決勝ゴールごっつぁんです！」ってなところだろう。

端から見れば相互補完で仲良く発展したように見える浦和と大宮だが、両市の関係者にはこの見解は否定されることだろう。浦和と大宮は、廃藩置県で天下がひっくり返った明治維新の時代から、激しい主導権争いを繰り広げてきた仇敵でもあるのだ。

県庁を巡る浦和と大宮140年の歴史

浦和─大宮の争いで、常に焦点とされてきたのは「県庁所在地」問題だ。県庁を巡る両市の歴史を振り返ってみよう。

まず第1ラウンドは、明治2年（1869年）に大宮、浦和あたりが「大宮県」として編成された時。当時の大宮は中山道の宿場町・大宮宿として、また氷川神社の門前町として栄えており、県庁も大宮に置かれる予定だった。しかし県庁舎は建てられず、そうこうするうちにお隣の浦和宿、川口あたりの住民から誓願が上がり、なんとその年のうちに県庁は浦和へ移転、件名も「浦和県」へと改称された。

明治4年には浦和県、岩槻県、忍県が合併し「埼玉県」が誕生。県名は岩槻県にあった埼玉郡岩槻町が県庁所在地と定められたことによるのだが、岩槻には県庁として使える建物が無かったため、旧・浦和県庁に間借りすることに。明治９年には埼玉県と北西部の入間県が合併(ここで現在の埼玉県がほぼ成立)し、県庁はそのまま浦和に置かれることとなった。

明治17年、明治30年には立て続けに「熊谷へ県庁移転を」という運動が巻き起こる。市街地としては浦和、大宮が栄えていたが、産業の主力であった養蚕業は北部の熊谷あたりが強かったのだ。しかし浦和は手練手管でこれを阻止し、県庁防衛記録を順調に伸ばす。

その後しばらくは安泰の時を過ごした浦和だが、昭和23年には県庁舎が放火により焼失するという大事件が発生。この火災からわずか３日後には、積年の恨み骨髄（？）な大宮、熊谷が「新県庁舎はウチに！」と誘致活動を開始した。このあまりに早い立候補に、放火には政治的な意図があったのでは……などと囁かれもしたのだが、証拠があるワケでもないので謎は謎のまま。激しい誘致合戦が３市で繰り広げられた結果、まず熊谷が蹴落とされ、最終的に浦和対大宮の決選投票の結果「浦和残留」が決定された。浦和は、岩槻、大宮、熊谷相手に県庁防衛V5の達成である。

無敵の県庁チャンピオン（なんだそれ）浦和の地位は盤石となり、もはや県庁誘致に乗り出す敵は現れなくなったが、大宮は虎視眈々と機会をうかがっていた。対決の第三幕は、さいたま市誕生により戦術を変えてきた大宮の逆襲だ。

大宮の悲願は成らず市役所もやらん！

3市合併が現実味を帯びてきた2000年には新市名の公募が行われ、得票上位だった「埼玉市」「さいたま市」「彩都市」など5案に絞られたのだが、突如として大宮市は「新市名は大宮市にしろ！」と横紙破りを敢行。一波乱を巻き起こしたあと、大宮市案を取り下げる条件として「新しい市役所をよこせ」と言い始めた。県庁がダメなら新市役所を、というワケだ。この時大宮市は「新市役所の位置は検討して決める」との確約を取り付ける。というのも、合併後に中心地となるさいたま新都心エリア（の大宮市部分）こそが新市役所にはふさわしい、もしくは上尾市・伊奈町も合併に加わった場合、新市エリアの中心地は大宮だから市役所は大宮に作るべし、この２段構えで市役所奪取を狙っていたのである。

が、まあ顛末はご存じの通り。上尾市・伊奈町は合併から離脱し、また新市役所はあっさりと浦和市役所をそのまま使用することに決定された。やはり埼玉の政治の中心は浦和で、となれば新合併市の中心もやっぱり浦和、ということになったのだ。色々検討した結果、やっぱり浦和でした！　というのが大宮以外の声ということで、またもや大宮は敗北を喫する。もう、諦めようよ。

すべてがそろう浦和はまさに和製ワシントン

両市は合併前には「県庁はウチのものだ」「でも新幹線止まらないよね」と罵り合いを繰り返し、浦和レッズという一流ブランドを手に入れたあとでも、街の規模を引き合いに出されると浦和市民は言い返せず不機嫌になったという。現在は浦和駅前もかなりの発展を見せているのだが、県下最大の都市・大宮と比較されては致し方なしだろう。とはいえ埼玉県政、そして新生さいたま市政の中心地という事実もまた浦和市民のプライドをくすぐり、大宮市民に屈辱の歴史を思い起こさせる。

大宮がそこまでこだわった「政治の中枢」の名誉。浦和にはどの程度、行政機関が集まっているのだろうか。

前述のように埼玉県庁とさいたま市役所、そして浦和区役所。県庁の中には教育委員会や選挙管理委員会などもある。他にはさいたま裁判所（地方、家庭、簡易）にさいたま地方検察庁など法務省。埼玉社会保険事務局など厚労省関係施設、そして税務署。浦和区内だけでなく、さいたま市全体を管轄するさいたま市消防局、さらには埼玉県警、さいたま市警察部も浦和にある。埼玉における三権は、すべて浦和に集結している。これらの施設がほぼ一カ所に集まっているのも特徴で、浦和駅から歩いて県庁方面に向かった場合、商業エリアが途切れると、周囲は公官庁舎ばかりのお固めなエリアへと一気に変わる。空気も心持ち固く感じるから不思議だ。

これだけの一極集中状態を見ると、逆に新市役所を浦和以外に置くことこそむしろ不自然、というか不便。大宮がいくら頑張ろうと、行政機関はワシントン・浦和へ自然に集まってくるのである。

※　※　※

宿命の浦和・大宮の対決だが、なんだかんだいってその対立はまだまだ終わっていない。市庁舎のさいたま新都心移転問題にしても、浦和派、大宮派は今も戦いを続けている。例えば、合併後にさいたま市の政権を握った浦和派は、大宮周辺の有用な土地を次々と民間に売り飛ばし、「市庁舎が移転できるスペースを潰して回った」と噂されているし（おかげで大宮周辺の再開発が活発になったという効能もあっただろうが）、大宮派は「合併に際しては、将来的な市庁舎の移転は合意事項である」と本当は「市庁舎の移転をいずれ検討するかも」くらいだった合意を「ウソにならないギリギリ」で市民に触れ回ったりするわけだ。こういうわかりやすい策略だけではなく、もっと目に付かない深慮遠謀を浦和派・大宮派それぞれがはりめぐらせているのでは、とみている人も多い。現在の埼玉県庁舎は、１９５０年に建てられた古いものだ。いずれ来る県庁舎建てかえも、この抗争の争点のひとつになるだろう。両者の戦いは、いつまで続くのだろうか。

埼玉県警本部などもある県庁第二庁舎。周囲にも行政機関の庁舎が密集している

県庁の周囲には、各政党の埼玉支部も集まる。まさに埼玉県政の中心地なのだ

浦和駅西口から県庁前まで伸びるのが県庁通り。大宮に比べれば地味なのは確かだ

浦和駅西口には伊勢丹が。浦和店は伊勢丹グループ内でもトップクラスの売り上げを誇る

ハイソな「さいたマダム」ってほんとにいるの!?

新種のハイソ種族さいたマダムとは

シロガネーゼにあざみネーゼ、たまプランヌ。高級住宅地によく見られる、住民のブランド化現象をあらわす呼び名だが、なんと「さいたマダム」なる新ブランドも誕生したという。呼称に「さいたま」と付くだけに、当然さいたま市誕生以降、かつさいたま市民を指す言葉なのだろうが、例えば見沼区とか緑区、岩槻区の住民が「マダム」呼ばわりされるかといえば、首を捻らざるを得ない。この「さいたマダム」は、どうやら旧・浦和市エリアである浦和区&南区の住民のことらしい。

旧・浦和市といえば、政治の街以外に文教都市としても知られていた。市内には多数の名門校や埼玉大学があり、また後述するが小中学生のためのお受験塾が密集するエリアも存在する。大宮と比較して言う場合、浦和は高級志向であり、年収も高くエリート層が住む地域であった。商業都市・大宮の場合は当然ながら商売人が多いワケで、官庁街のある浦和の方が確かにエリート役人なんかは多そうだ。お受験が盛んということは、私立に通わせられる財力を持つということでもある。

そもそも浦和は、芦屋、田園調布と並び「日本３大高級住宅地」と呼ばれていたこともあるハイクラス・エリア。とくに浦和区岸町や常盤、別所などは、下手な東京都内の区よりもグレードは上だ。

住民の平均収入などからエリアの格付けをする「新・土地のグランプリ」（講談社刊）でも、浦和区はさいたま市有数のハイソエリアである、とされている。実際の地価は、都内の高級住宅地と比べれば安くなってしまうのだが、これは都心部から遠いため致し方なし。一方で住民の平均収を見れば、豊島区目白や新宿区市谷、下落合といったエリアよりも浦和区の各高級エリアの方が高くなる。立ち並ぶ邸宅も古くからの豪邸が多く、木造のボロアパートどころか手頃な賃貸アパートすら少数派。確かに住民をマダム呼ばわりするのは間違っていないかも。新興もいいところな横浜市のあざみ野やたまプラーザなんかよりは、歴史も格も上と言っていいだろう。

さいたマダムはなぜ突如誕生したのか

このエリアの住民が、突然「さいたマダム」などと呼ばれ始めたのは何故だろう。まあ当然さいたま市ができたから話題に乗せやすかったというのもあるだろうが、それよりも合併により旧・浦和市も複数の区に分割された結果、桜区や緑区エリアを切り捨てて、浦和区&南区エリアの平均所得が跳ね上がった（そしてそれが目立った）ためと考えられる。

が、「○○ネーゼ」とかの呼び名が為される場合、それは実際にハイソか、グレードが高いかというよりも、その行動様式を指して呼ぶのが一般的。つまりはちょっとお高いランチを食べるとか、習い事をするとかの「私たちって高級志向よねうふふふふ」みたいな生き様だ。その手の奥様に憧れる人もいれば、馬っ鹿じゃね～のと笑い飛ばす人種もいるワケだが、まあテレビや雑誌的にはウケの良い企画になったりもしている。

ということで、実際に「さいたマダム」は浦和近辺でどんなことをしているのかを調査してみたのだが、気になるデータを発見した。

総務省統計局が発表する家計調査によると、さいたま市（あるいは旧・浦和市）は「パスタ」「ケーキ」「紅茶」の消費量や購入金額が全国トップレベルに高いのだという。となれば即座に思い描かれるのは、小洒落たレストランでお高めのパスタランチ、食後にスイーツと紅茶を頂くマダムたち。ちょっと出来過ぎなデータではあるが、事実なのだから仕方がない。ちなみに旧・浦和市はかつてケーキの消費量が日本一だったのだが、合併してさいたま市になったあたりで王座陥落。大宮、岩槻あたりが足を引っ張った結果であろう。浦和区はケーキの名店が多いことでも有名だったりする。

まだ一般的には浸透していない「さいたマダム」ではあるが、高層タワーマンションが絶賛建築中の浦和エリアだけに、その数も増殖していくことだろう。となれば認知度でもあざみ野、たまプラを追い抜く可能性も!?

常盤や岸町など昔ながらの高級住宅地も多い。エリート層の集まる浦和を象徴するエリアだ

消費量だけではなく、名店と呼ばれるケーキ屋も浦和には多い。マダムたちのたまり場に？

浦和レッズサポーターは日本一熱い！

ようやく手に入れたプライドオブ浦和！

埼玉県の県庁所在地を答えられない人（大宮め！）は多いが、それでも全国レベルの知名度を持つのが浦和。Ｊリーグチーム、浦和レッドダイヤモンズ（以下、浦和レッズ）の知名度は絶大であり、旧・浦和市民もまた、レッズを大いに誇っている。

実力は時期によって強かったり弱かったりなレッズ（近年はまぁ強豪）だが、人気面では常にトップを独走。具体的に数字で現せば、２００８年度のホーム開催試合は総入場者数80万９３５３人（Ｊリーグ記録を更新）、平均４万７６０９人と、どちらも断トツで１位を記録（リーグ平均は約２万人）する。09年度も11月初頭の段階でレッズの動員数はリーグトップだ。お隣である大宮アルディージャの平均はリーグ最低クラスの約1万人だから、何かと反目し合う旧・大宮市民にもレッズサポーターは多く、サッカー関連では浦和圧勝となっている。劣勢であるアルディージャサポは敵愾心を燃やすのだが、レッズサポはそれを生暖かく見守る余裕で溢れている。

日本どころか世界最強との呼び声さえもある、レッズサポが作った伝説を紹介すると……。

・私設サポーター団体の数が世界一多い（3410団体、08年度）

・押し寄せるレッズサポの入場料目当てで、関東圏のチームはホーム試合を無関係な国立競技場で開催する（甲府、柏など）

・埼玉スタジアム2002の建設時、キャパが大きすぎて無駄になるとの批判が市議会から出たが、レッズサポが毎試合満員にしたら黙ってしまった

・浦和美園の開発計画も「誰も住まない」と市議会から批判されたが、レッズサポが宅地やマンションを買いまくったため黙った

・新幹線で移動できる場合、新幹線を1本借り切るツアーが組まれる。新潟戦

時は上越新幹線を「車体以外」真っ赤に染める
・海外開催試合でも常に400～500人のサポが出国していく
・埼スタの入場収入だけでJ2全チームの入場収入の合計を上回る
恐るべし、レッズサポ。

何故に浦和レッズのサポはここまで熱狂的なのか。これはレッズ誕生以前には、浦和には県庁所在地という以外にあまり誇れるものがなかったからでは、という説もある。大宮に対してはそれでもよかったが、他県に対して誇れるものではないし、じゃあ他に何があると言われると口籠もってしまうのが浦和市民だった。元々サッカー熱も高かった浦和だけに、レッズ誕生を期に「地元愛」が爆発したのだろう。ハイソ住民が多いだけに、海外遠征すら余裕でこなす浦和レッズサポ。彼らに流れる血の色は、単なる赤ではなくレッズカラーなのである。

サッカー少年団なども多い浦和。子供の頃からサッカーに接する機会は他の街より多い

浦和駅西口のレッズ・オフィシャルショップは品揃えが異様に豊富。自販機すらレッズ仕様！

ホームスタジアム年間入場者数

順位	チーム	2009年度			ホームスタジアム収容人数
		試合	入場者数	平均	
1	浦和	16	697,782	43,611	63,700 （埼玉スタジアム2002） 21,500 （さいたま市駒場スタジアム）
2	新潟	16	534,598	33,412	42,300 （東北電力ビッグスワンスタジアム）
3	ＦＣ東京	16	411,368	25,711	50,000 （味の素スタジアム）
4	横浜FM	16	343,990	21,499	72,370 （日産スタジアム）
5	鹿島	16	331,888	20,743	39,026 （茨城県立カシマサッカースタジアム）
10	大宮	16	262,903	16,431	63,700 （埼玉スタジアム2002） 15,300 （NACK5スタジアム大宮）

※Ｊリーグ公式発表より抜粋（2009/11/29現在）

さいたま市トピックス

そんなに赤くない!?

クラブの人気では浦和レッズに大きく水を空けられている大宮アルディージャだが、大宮駅周辺にはクラブフラッグが大量に掲げられており、Ｊチーム本拠地という雰囲気は十分に伝わってくる。一方浦和の場合、商店街にクラブのペナント風小旗があったりはするもののアピール度は控えめで、目に見えて真っ赤ということもなく、少々拍子抜けするかもしれない。

これはそもそも、浦和は県庁所在地であり官庁街、街並みも落ち着いたお堅い街であることも関係するだろう。また住宅地エリアは埼玉県でも有数の高級地が多いため佇まいは閑静であり、品がある。熱狂度と住環境はかならずしも一致しないのだ。ただしクラブのステッカーを貼った乗用車（とくに三菱車）はよく見かけるし、繁華街では突然サイン入りユニフォームを飾っている店があったりもする。街を挙げてということはないが、住民の熱狂度が高いことだ

西口駅前にはホームタウンであることを示す広告塔も立つが、街中が真っ赤ということもないのだ

けは確かだ。

ちなみに、レッズの母体となった三菱重工サッカー部は、そもそも浦和とも埼玉県とも無関係のチームだった。サッカー熱は高かったが強豪企業クラブがなかった浦和が、Ｊリーグ参加予定だがホームタウンが決まらなかった三菱を誘致したのがはじまりである。三菱以前には大宮アルディージャの母体であるＮＴＴ関東（浦和が本拠地だった）に声をかけて断られているが、これが実現していたら浦和・大宮はもう少し仲良くなっていたかも⁉

文教都市浦和のイメージを作った浦高の底力

正真正銘の文教都市　浦和には英才が集う

政都にして文教都市、浦和……などと本書では飽きるくらい繰り返しているが、実際に浦和を文教都市たらしめている要因はなんなのか。その自称に裏付けはあるのか？　と、疑問形から始めてみたものの、答えはあっさりと出てしまう。浦和は大宮や埼玉県内の他地区に比べて、名門校が多いのだ。

それも偏差値で計れる学力だけではなく、文武両道な伝統校が多い。名門小学校や中学校もあるし、それらの学校へ入学するためのお受験も盛ん。県下イチなんて表現だとやや漠然としてしまうが、永遠のライバル・大宮に比較対象を限定すると、浦和所在の名門校はより輝きを増す。大宮だって他エリアに比べて馬鹿ばっかということもないのだから、いい面の皮ではあるが。

国内有数のエリート高　浦高の実力を見よ！

浦和が誇る名門を紹介していくと、最高学府では埼玉大学が桜区に。が、こちらはあとでも紹介するので、ココでは省略。

名門高校となると、県下どころか国内有数の名門である、県立浦和高等学校（通称、浦高）の存在が光る。県内の公立校では偏差値トップをひた走り、毎年多くの東大合格者を排出。07年度などは公立校で全国最多となる33人の東大合格者を記録した。

また文武両道を地で行く浦高は、サッカー全国選手権を過去3度制覇するなどスポーツも盛んである（野球以外）。学校行事にも力を入れており、とくに50キロメートルの強歩大会など体育系行事が盛ん。激しい受験戦争を勝ち抜き浦高に進学した生徒たちは、このスポコン路線により浦高精神を叩き込まれていくことになる。名門に頭でっかちはいらん！

他には日テレ制作の人気番組「全国高校クイズ選手権」では唯一の2連覇を達成するなど、出場常連校としても知られている。

このような校風なので、歴代OBには学者から政治家、芸術家、実業家、スポーツ選手まで多士済々。変わり種では、宇宙飛行士の若田光一氏も浦高OBだ。浦高以外にも、全国の女子高では唯一となったナンバースクールである浦和一女、やはり文武両道の浦和西高に市立浦和も。また埼玉大付属小、常磐小、岸中、常磐中など浦和の高級住宅地にはもれなく名門小&中学校が存在しており、それらの小中学校を経て浦高入学が浦和におけるエリートコースだとも言われている。学問の街・浦和の名に偽りはなし、だ。　余談だが、かような土地柄ゆえレッズサポには高学歴のエリートが多かったりする。フーリガン的イメージとは逆なのだ。

2007年に中高一貫となった市立浦和。名門私大への進学率が高いことでも知られる

全国唯一の女子校ナンバースクールである浦和一女。高級住宅地・岸町エリアにある

このご時世浦和の小学校はキャパオーバー

さいたま市の小学校が抱える重大な問題とは

浦和区には伝統ある名門高校が多数あることは前項で説明した。また多少触れたが、名門小&中学校も存在する。さて、浦和というかさいたま市の小学校事情は、ある問題を抱えているのだが、ご存じだろうか。合併に伴う再開発により各区はどんどん便利になっていき、そして人口も増えてきた。そこで噴出したのが、小学校の児童数増加問題だ。

児童数が突出して多いのは南区。次いで浦和区、見沼区と続いている。小学校数でも南区、浦和区、見沼区共に、他の地域より多めの小学校が必要となっていることがわかるだろう。一方で岩槻区は児童数少なめ、小学校数は多めに。

これはかつての浦和市、大宮市を分割した各区に対して、広大な岩槻市がそのまま岩槻区として編成されたことが影響大だ。岩槻は広すぎて、市内にまんべんなく小学校を作らないと、生徒が通えないのである。交通インフラも貧弱なので、遠距離通学もツラいのが岩槻区なのだ。

一見、生徒数が多く小学校も多めに必要な前述３区が、最初に触れた児童数増加問題の主役と思うだろう。が、実際はそうではなく、さいたま市の各区は「すべて全国平均以上の児童数」を持っており、つまりはさいたま市全域で問題になっているのだ。

すべての数値で全国平均の倍以上！

数値を挙げて具体的に説明していこう。まず児童数だが、全国における１小学校の平均児童数は、公立校で約３１５・３人。これがさいたま市の各区となると、最低となる岩槻区でも４２６・９人、最多となる北区はなんと８６２・６人、さいたま市平均も６６６・２人となり、全国平均の倍以上。とんでもない数値となっている。

クラスの平均人数は、岩槻区以外ですべて30人以上となっているが、これは文部科学省が全国的に推し進めている「少人数制指導」の1クラス30人という数値をオーバーしている。また、1校におけるクラス数も、通常は12～18校の間でおさまるが、さいたま市の場合は平均20・9クラス（最多は北区の26・8クラス）。これまた全国平均の倍以上である。

統計は区ごとに掲載しているため目立たないが、さいたま市内であってもとくに児童数が多い「過大規模校」と呼ばれる小学校も問題になっている。児童数1200人以上の小学校が、さいたま市には全国最多、5校存在。1校31クラス以上となる小学校は9校。さいたま市もこの状況を問題視しており、対策として「大規模校解消プロジェクト会議」を設置。小学校を増やすことで対策を取り、07年に辻南小学校（南区）、09年につばさ小学校（北区）が新設された。ただし、この新設2校を加えてもなお、先に紹介したように「埼玉の小学校は飽和状態」のままである。

お受験塾が盛んなのは児童数の飽和が原因⁉

クラス数、児童数が多ければ教師も多数必要で、さらに１クラスの児童数が多ければひとりひとりに目が行き届かない……のかと思いさいたま市の学力事情を調べてみたら、こちらはなんと全国平均を上回る結果に。全国の小学校に対して国語A・B、算数A・Bの４項目を調査した全国学力調査（平成20年度版）で、さいたま市の小学校は全項目平均以上を記録した。先生が面倒見切れない部分は、さいたマダムのお受験パワーで補強しているのだろう。

ちなみに、全国学力調査では中学校の調査も実施しており、こちらでもさいたま市は全国平均を軽くクリアー。同時に実施されたアンケートによれば、１日３時間以上TVなどを見る&２時間以上ゲームをする、の項目も全国平均以下だった。さいたま市のお子様は、全然遊んでないのである。旧・浦和市に限らず、さいたま市は全体的に文教都市と呼んでいいのだろう。秀才が飽和状態なさいたま市！　って、それはそれで問題なんだけどね。

さいたま市コラム 3

埼玉高速鉄道

市内を鉄道路線が走りまくっているものの、手が届いていないエリアも多いさいたま市。岩槻区などは北部のはじっこを野田線が横切るのみで、広大な中～南部エリアは鉄道不毛地帯である。が、そんな岩槻区民から熱い期待を寄せられているのが、埼玉高速鉄道だ。

この路線はさいたま市緑区の浦和美園駅から東京都北区の赤羽岩淵までを南北に繋ぐ路線で、赤羽岩淵からは東京メトロ南北線を経て東急目黒線と相互乗り入れ。埼玉～東京～神奈川を繋ぐ「早すぎた副都心線」とでも呼べるような路線だ。

埼玉高速鉄道の路線のみで見た場合、はっきり言って利用価値はただひとつ「埼玉スタジアム最寄り駅」のみ。本来は2006年開通予定のところ、W杯誘致とスタジアム建設が決まるや、それに合わせて01年開通とされるなど、生

い立ちからして「スタジアムへの足」。現状で埼スタへ鉄道を使い行くにはこの路線を利用する他なく、浦和方面から武蔵野線東川口駅経由で赤い人波を運んでくる。が、試合のない日はガラガラだ。

　ただし、今後は岩槻区を南北に突っ切り野田線岩槻駅へ連結、さらに北西へと伸ばして宇都宮線蓮田駅までの延伸が計画されており、実現すれば岩槻大望の「車以外の足」となる。浦和美園駅自体も「みそのウィングシティ」として急速に宅地開発中で、岩槻&緑区エリアのベッドタウン化を推し進める重要な役割を担うことになるだろう。

　一部マニアには、浦和美園駅からなんと直通で、横浜はみなとみらい線の元町・中華街駅まで行ける、その名も「みなとみらい号」が堪らない魅力を放つ。現在も南北線、東急目黒線を経由すれば行くことはできるのだが、年に3~4回程度しか走らないこのイベント列車に乗って、乗り換えなしに横浜へ行ける&普段みなとみらい線では走らない車体が見れるということで、マニアが押し寄せるという。鉄ヲタならば是非一度。

赤字路線の多い第3セクター鉄道ながら、この埼玉高速鉄道は健全経営であるという。長野県の赤字路線・しなの鉄道を立て直した、自称「プロのサラリーマン」杉野正なる実業家をヘッドハンティングしての黒字転換だったそうだが、この杉野氏はその後神奈川県知事選に打って出て落選してしまった。埼玉県知事を狙った方が良かったんじゃなかろうか。岩槻区が大票田になった可能性も……?

第4章
浦和駅改装で浦和ブランドも益々上昇!?

あまりにも駅名に“浦和”が多すぎない？

浦和には8つの（不便な）駅がある

かつて山本リンダの「狙い打ち」に合わせて歌われた、浦和駅名ネタをご存じだろうか。浦和にある駅名を連呼したあと「浦和にゃ7つの駅がある」というオチだったが、今や浦和美園駅も誕生し「浦和」と付く駅名はこれにて8つになった。多すぎだろ。

各駅名を挙げていけば、浦和駅、東浦和駅、西浦和駅、南浦和駅、北浦和駅、中浦和駅、武蔵浦和駅、そして浦和美園駅。地名に東西南北が付く駅名というのは全国各地に多いのだが、なんと東西南北すべての駅が存在するのは浦和だけ。ちなみに仙台市と富山市にも東西南北の駅があるのだが、それぞれ「西仙台ハイランド駅」「富山駅北駅」がグレー判定とされ、惜しくも栄誉を逃している（?）。

地名が付く駅が8つもあるなんて、旧・浦和市は鉄道網が張り巡らされたエリアだったのか……と思うかもしれないが、さにあらず。浦和エリアにある駅は、前述8駅に加えて与野駅のみ。つまり9カ所だけで、エリアの広さからすれば普通程度だ。むしろ現在の桜区、緑区の大部分は鉄道不毛地帯だし、肝心の路線&駅も大宮に比べると非常に不便だったりする。

高架工事の完了で浦和駅の不便さ解消!?

県庁最寄り駅でもある浦和駅だが、なんと湘南新宿ラインは駅を通っているにもかかわらず、浦和をスルーしてしまう。また浦和駅と南浦和駅の間に車庫があり、京浜東北線の南浦和駅から浦和方面へ直通する本数は、南下する本数の半数程度。また南浦和で降ろされた場合、浦和方面行きは高架を渡ってホームを移動しなければならないため、通勤者はひと駅手前の蕨駅で乗り換える（同ホームで乗り換え可能)。そして旧市内を東西に繋ぐ武蔵野線は浦和駅を通っていないため南浦和駅で乗り換える必要があるが、宇都宮線は南浦和をスルーと、これまた不便だ。

ただし浦和駅は現在高架化の工事中で、これが完成すれば湘南新宿ラインも浦和駅から利用可能となり、利便性は大幅に高まる。京浜東北線で東京・上野方面にも、湘南新宿ラインで池袋・新宿方面にも直行できるようになるのだ。高架化により駅の東口・西口間移動が可能になるというのも大きい。現在は駅から出て大回りしてガードをくぐらないと反対口には出られず、両改札は事実上の分断状態だった。浦和駅のダメさ加減は、大宮民による恰好の攻撃材料ともされていた。県庁所在地の中心駅なのに、これだけ不便だったというのも珍しいのでは?

埼京線で南北移動、武蔵野線で東西移動が可能なのが武蔵浦和駅だが、残念なことに埼玉県内を東西に移動する層は非常に少ないため、JR線のターミナル駅としての機能はあまり活かされていない。東部と西部が意識的に分断され、お互いに無視し合うのが埼玉の県民性である。とはいえどの方向へも行ける武蔵浦和駅周辺は、現在高層タワーマンションが林立中。大宮へ通勤する層、都内へ通う層のどちらからも人気のエリアとなっている。ただし、前述のように武蔵野線経由で浦和に向かうのは面倒なので、このエリアは大宮のベッドタウン化、あるいは東京都南区化している。

不便だ不便だと連呼したが、お隣に大宮があるからそう感じるだけかもしれない。少々の手間で県内&都内の各所へ行けるのだから、浦和エリアも便利なエリアではあるのだが……やっぱり利用してみると、面倒くさいんだよなあ。

※　※　※

というのが２００９年時点での「浦和の不満」だったわけだが、そこはさすがの浦和。水面下では諸々の段取りをすべてまとめていたわけで、２０１３年の駅舎工事完了をもってほとんどの問題がクリアされた。大宮との「格差」はほぼなくなり、残ったのは「大宮より東京に近い」というアドバンテージのみ。一時的に不利な状況にあった浦和は、再び大宮に対し優位に立とうとしている。そんな浦和の「対策」については、後の頁で詳しく触れているので、是非合わせてご覧いただきたい。

埼玉大学、浦和北校などへの最寄り駅であり学生の利用者が多い。ただし駅からバス必須

見沼田んぼが広がるエリアに接する、事実上の浦和都市圏最東端駅。周辺の風景はのどか

中と言いつつ浦和中心地から離れ、ほぼ与野と接する位置にある。利用者数は少ない

駅周辺にタワーマンションが林立する、再開発真っ最中なエリア。南区の中心地点だ

埼玉出身の有名人は隠れさいたまか、それとも……

できれば隠したい!?　埼玉県さいたま市出身

「ダサイたま」という呪詛はかくも強きものなのか。出身地を尋ねられたとき、埼玉県出身者は「埼玉です」とは名乗らずに、浦和や大宮、川口、川越なども、街の名前を答えるケースが多い。知名度的にあまりにもマイナーな「○○町」の場合は埼玉ですと言わざるを得ないのだが、そこそこ大きな市の出身者であれば、ほぼ例外なく市名を出す。中でも地元愛に溢れている旧・浦和市出身者は、「浦和です」「ああ、埼玉の」と返されるとかえって激怒する。俺を埼玉生まれと呼ぶな！

が、浦和市と大宮市（あと与野、岩槻）が合併し、それぞれの市は当然ながら「さいたま市」となってしまった今、彼らは出身地をなんと答えるのだろうか？　それとなく探りを入れてみると、やっぱり浦和＆大宮民は旧市名で答え、与野、岩槻民は満面の笑みで「さいたま市です！」と答えるようだ。

口に出して言えば「埼玉」も「さいたま」も同じなのだが、市名にこだわる埼玉民族にしても、与野、岩槻あたりの知名度は高くないと思っているようで、それならば合併により最高の知名度を得ている「さいたま市」と名乗った方が伝わりやすいし、愛郷心も満たすことができるのだろう。与野市民の場合は市名にこだわる人も一部いるようだが、「与野です」「どこです？」「さいたま市の…」となるため、諦めている。

割を食っているのは、旧浦和エリアの浦和区以外、大宮エリアの大宮区以外の住民か。県名、市名は出したくないが、区名を言っても知名度はイマイチというジレンマに悩まされている。区か市か言わずに「浦和（大宮）です」と答える人がいたら、「何区？」とは聞かないであげるのが武士の情けである。

世を忍ぶさいたま人　浦和と大宮で傾向が

自らの出身県&現在の市名を隠したがる、浦和民と大宮民。そんな「隠れさいたま人」の有名人はどのくらいいるんだろうか、と少々意地悪くリストアップしてみた。すると、出るわ出るわ、人口の多いエリアなだけに、有名人、著名人も多数輩出していた。

面白いのが、浦和と大宮では、明らかに排出する有名人の職業傾向が異なることだ。浦和からは、圧倒的にサッカーで名を成した名プレイヤーが多いのだが、大宮ではサッカーよりも野球が強くなる。サッカー、野球以外のスポーツ選手となると比率は変わらないのも面白い。ただし大宮市出身のサッカー選手は、ほとんどが浦和の高校か、他県の強豪サッカー校に進学している。この「大宮出身→浦和進学」の傾向は、文化人や政治家、実業家でも変わらない。やはり学業は浦和で、となってしまうようだ。一方で街の規模が大宮ならではなのが、芸能・マスコミ関係の有名人が多いこと。埼玉のニューヨーク、面目躍如である。

サッカーと文人の浦和　光の当たる大宮芸能人

実際にどんな人が浦和、大宮出身なのか。具体名を挙げていくと、浦和サッカー人ではガンバ大阪の監督で、ブラジル代表に勝利したアトランタオリンピック日本代表監督としても有名な西野朗氏がもっとも有名か。他にもいっぱいいるけど、挙げきれません。芸能人では反町隆史(俳優)、久米宏(アナウンサー)あたりがビッグネームか。小泉チルドレンの筆頭格、政治家の片山さつきも浦和出身だ。漫画家・ひぐちアサは、大ヒット野球漫画「おおきく振りかぶって」で母校・浦和西高をモデルとして登場させている。

一方の大宮は、元祖アイドル・天地真理、歌手の小柳ゆき、タレントでは河相我聞（蕨市生まれ後大宮育ち）に高橋由美子、お笑いの土田晃之（練馬区生まれの大宮育ち）、漫画家のさとうふみやが有名どころ。変わり種では宇宙飛行士の若田光一氏もいる。浦和に比べるとやはり芸能人が目立つ。

余談だが、さいたま市の歌「希望（ゆめ）のまち」作曲&補作詞は、浦和出身のミュージシャン、タケカワユキヒデ（浦高ＯＢでもある）。作詞自体は公募した結果、さいたま市とはまったく無関係な東京都の主婦のものを採用したという。いや、そこはさいたま市民からに限定した方が良かったのでは。さらにいえば、最後に突如挿入されるコーラス「♪オーオーオー　さいたまさいたま　カモンカモンカモン！」って、サッカーの応援歌かと。全体的にはゆったりとしたメロディなのに、そこだけ異様に浮いており、ある意味必聴だ。

浦和、大宮出身の有名人たちは、出身地を聞いたらなんと答えるのだろうか。どこかの番組で試してみてはもらえないか？　あと「さいたま市」のネーミングセンスについての感想とか。

南浦和は〝塾銀座〟と呼ばれている

有名校がひしめくお受験のメッカ

名門高校どころか小学校まで格付けされるような「学歴激戦区」である浦和エリア。埼玉県どころか全国でも有数のお受験熱狂地帯である旧・浦和市エリアでも、やはり早くから塾通いをする子供たちで溢れている。

浦和におけるお受験の中心地は、なんといっても南区は南浦和駅周辺。駅の東口、西口ともに学習塾が所狭しと軒を並べており、全国でも有数の学習塾密集地帯となっている。誰が呼んだか「塾銀座」、浦和エリアどころか、埼玉県各地から多数の子供たちが南浦和に通ってくる。

南浦和にある有名塾は、中学受験の御三家こと日能研、四谷大塚、ＳＡＰＩＸ。

有名進学塾だけにこの3校は至るところにあるのだが、御三家が勢揃いする街は少ない。また河合塾、市進学院、明光義塾、栄光ゼミナールなど高校、大学受験を手がける進学塾大手も当然ある。代々木ゼミナールは衛星放送を利用して有名講師の授業を受けられる「サテライン予備校」が。他には私塾も豊富で、様々な規模、各種年代に併せた予備校、進学塾だらけなのだ。

名門私立中も多い　ゆとりとは無縁！

高校、大学受験のための予備校となれば、もはや通って当たり前。のんびりと学校の授業と自習で入れるレベルの高校に進むというのも悪くはないが、その後の大学進学まで考慮するなら、早めの塾通いは今や当然。南浦和の塾銀座は、どちらかといえば中学校受験のための学習塾が多い。

さいたま市内にある有名私立中学となると、全国レベルの有名校である浦和明の星女子中、見沼区の栄東中、淑徳与野中（女子校）などが有名だ。他にも偏差値レベルではそう高くもないのだが、ステータスという意味ではミッションスクール、浦和ルーテル学院中などもある。これらの名門中学校は中高一貫、高校から入ることはできないため中学受験が必須。また私立だけに授業レベルも高く、ゆとり教育などとは無縁のハイレベルな授業を受けられる。公立としては珍しいが、市立浦和も中高一貫校となり、これまた高倍率の難関校となっている。

先のお受験御三家などの中学受験用学習塾は、大都市ならば探せばほぼ見つかるが、色んな塾から選ぶとなると、密集地帯の南浦和へ通うのがベスト。また学習塾自体が密集していることから、各塾の授業の質も競い合うように高くなる。よって、あえてさいたま市外から南浦和へと通ってくる生徒も多いのだ。

南浦和の場合、東西移動は武蔵野線、南北移動は京浜東北線と、お隣の浦和駅と比べれば各エリアから通いやすい立地にある。また周囲に大宮、浦和、川口市、蕨市など人口の多い街に囲まれているため、四方からどんどん生徒が集まってくる。文教都市だった旧・浦和市の、受験への意識の高さも相まって、いつしか南浦和は学習塾が密集する街になっていったのである。お受験の環境を整えるために南浦和へ越してくるさいたマダムもいるそうで、エリートが多い浦和だからこそ成り立つエリアといえるかもしれない。そもそも私立進学にお受験費用とか、金持ちじゃないと無理だしね。

※　※　※

塾、予備校で名高い南浦和。様々な相乗効果でこの「文京都市浦和」が生まれたことをみてきたが、その影響は「勉強」以外の範囲にまで及んでいる。南浦和在住の主婦に話を聞く機会があったのだが、彼女によると南浦和は「習い事」も盛んだという。特徴的なのは、基本的に習い事と学習塾はワンセット。それもかなり早い段階から始めるケースが多いそうだ。特に女子にその傾向が強い印象があるという。

また、これまたいかにも浦和な傾向として、サッカー少年団なども習い事のひとつとして受け入れられていること。男子のみならず、女子選手の姿をよくみる。浦和のサッカー少年団は独自の選抜システムがあり、浦和の優秀な選手はトップチーム「FC浦和」に選抜され、各種の大会に出場する。地元の有名校が浦和の学力を押し上げているように、サッカーにも「憧れの地元トップチーム」という、同じようなシステムがあるというわけだ。

中学受験塾では大手の四谷大塚をはじめ、有名無名の学習塾が密集する南浦和駅周辺

駅の中にも学習塾の広告だらけ。わざわざ電車を使い南浦和まで通学してくる生徒も多い

高層マンション住人は成り上がりでもないちょっと頑張った人たち

タワーマンションは高嶺の花…ではない!

浦和区、南区には古くからの高級住宅地が多く存在し、それらのエリアは生け垣や高い塀で囲まれたお屋敷が建ち並ぶ。この辺りに住んでいるのはホントのお金持ちなのだが、一方で南浦和、武蔵浦和近隣に立ち並ぶタワーマンショョンは手頃な価格設定になっているという。

手頃といってもやはりさいたま市の高級エリアに建つタワーマンションだから、格安ということではない。ある程度の資産が必要なのは当然なのだが、一方で東京23区内で同レベルの物件に住もうとするよりは、ハードルが格段に低いのも事実。超が付くエリートかひと山当てた成金しか住めない都内タワーマンションに対し、さいたま市のタワーマンションは「頑張ればいつか手が届きそう」と思わせてくれるのだ。

例えば、現在さいたま市内でも有数のハイグレード・マンションは、浦和駅至近に建つコスタタワー・浦和、あるいはエイペックスタワー・浦和。新築時の価格は約6000万～8000万円とのことだが、現在の中古分譲価格なら5000万円を切ってくる。都内のタワーマンションとなれば、港区などなら3～5億、下手すりゃ10億近いワケで、庶民が暮らす世界とは文字通りケタ違いな額となる。都内でもそこそこクラスの住宅地である杉並区、台東区あたりでマンションを購入するよりも、浦和、大宮の駅近タワーの方が安いなんてこともザラ。そもそも地価が高すぎてどーにもならない都内よりも、絶賛再開発中のさいたま市中心エリアの方が夢を見やすいのだ。さいたま市内のトップレベルがその程度だから、もうちょっと駅から離れる、もうひと駅浦和や大宮から離れるといった妥協をしていけば、手が届く高層マンションも増えてくる。さらに中～低層でもいいや、となれば普通のサラリーマンでも購入可能な域へと値段は下がる。

都内リーマンの夢はさいたまで叶う

都心部から離れているから地価もマンションも安い。これは当たり前のように思えるが、距離的には大して違わない神奈川県の東急田園都市線沿線は、下手な都内の住宅地よりも地価が高いブランド・エリアになっている。そして、ブランド化しているからこそ都内のエリート層が大量に移住してきて、さらに人気を高めている。

それを考えれば、意外と都心部へ通いやすいうえ大宮、浦和などの大きな街をもつエリアにもかかわらず、お手頃価格でマンションを買えるのがさいたま市。ブランド化しなかったからこそ、好条件、好立地のタワーマンションに住めるのだ。現在は都心部で家を持つ、マンションを購入することを諦めた層が、大量に流入してきている状況にある。武蔵浦和や新都心周辺などは今も新規タワーマンションが続々と建てられている最中で、この傾向はもうしばらく続いていくだろう。

ただし、マンションには手が届いても、さいたま市の一等地はやはり相当高嶺の花。そもそも本当のエリートが住むエリアは、景観保護のためマンション自体が建てられないという事情もあったりするんだけどね。

※　※　※

ここで、浦和エリアのマンションには、どのような傾向があるのかをみておこう。浦和エリアは全体的に販売数、価格ともに安定していたが、２０１２年、13年に販売数が急増した。平均坪単価は、２０１１年まで２００万円強だったが、販売戸数が急増した12年に一旦下落、それ以降はまた上昇傾向にあり、14年にはリーマン・ショック前の基準に迫る約２２６万円にまで上昇した。

エリア内では、やはり浦和駅周辺が高く、14年の平均坪単価は約２４３万円。北浦和は約２１１万円と安い。南浦和では14年にはマンションの供給がなく、かなり飽和状態に近いようだが、13年の坪単価は約１８７万円と安かった。駅のブランド力がはっきりと出た形だが、リーズナブルで環境の良い南浦和エリアがさっさと売り切れてしまったという見方もできるだろう。

また、各エリアともに、駅からの距離によって大きく値段が変動する傾向がある。多少条件を緩めれば、安価に好物件が購入できるのが浦和なのだ。

六本木ヒルズをはじめとした都内のタワーマンションは夢でも、さいたま市なら手が届くのだ

家が手頃な価格で手に入るため、車などにも比較的予算を割けるのがさいたま市民だ

区画整理中の浦和美園にできたイオンは先走り？

荒野にそびえ立つ埼スタとイオン

埼玉高速鉄道の浦和美園駅、そして埼玉スタジアムがある、緑区の南東部エリア。見沼田んぼと接するエリアでもあるこの一帯は、スタジアムと浦和美園駅ができるまでは、農地すらまばらな荒野だった(だからこそ埼スタも作れた)が、現在は「みそのウィングシティ」として大規模な宅地開発が行われている。

といっても開発具合はまだまだで、民家やマンションが立ち並ぶ、といった風景は先のこと。埼スタへ行ったことがあるならご存じだろうが、あの辺り一帯には駅からスタジアムへ向かう途中に、商店が１軒もなかったりする。

そんな開発具合の中で、異様な規模の店舗を構えたのが、駅から徒歩５分の場所にオープンしたイオン浦和美園ショッピングセンター。郊外にありがちな大規模店、と呼んでしまうのもためらわれるような、イオングループ内でも最大級の規模の店舗になっている。

そもそも浦和美園駅の周辺には、イオンができるまでコンビニどころか個人商店すら皆無という有様だった。W杯開催時には駅付近に臨時でコンビニが作られたが、W杯後はそれも閉鎖。その後浦和レッズのホーム球場となったことで、ようやく臨時じゃないコンビニが出店した。また、あまりにも何もないことから、埼玉高速鉄道は当初終電を浦和美園まで走らせていなかった。終電で寝過ごして浦和美園駅まで行ってしまうと、何もない荒野に一晩放り出されてしまうためだ。そこまで辺鄙なエリアに突如誕生した、超巨大ショッピングセンター。今のところ、その光景はもの凄く不自然である。

地域住民の命綱イオン以外は何もない

イオン浦和美園の巨大さを紹介していくと、まず長い。高速鉄道に沿うようにして約12万㎡の南北に長い敷地を持ち、その中央あたりにバス停があるのだが、店舗と並走する通りを進んで次のバス停まで行ってもまだイオンの敷地は続く。手前のバス停は国道４６３号線を挟んですぐの浦和美園駅だから、端から端まで歩くのにほぼバス停２区間分あるのだ。

入っているテナントは約１７０店舗。駐車場は約３０００台収容。ただし、車がないととても行けないエリアであり、さらには周辺に店がなんにもないため、この収容台数でも足りないくらいの客数が詰めかけてくる。また駐車場所が悪ければ店舗から5分程は歩くため、雨の日なんかは結構つらい。

中には大型書店、衣料品店、スーパー、大手ＣＤショップに靴量販店、多数の飲食店、そしてシネコン、ゲームセンター。セルフのガソリンスタンドまであるから驚きだ。というか、国道沿いなのに周辺にガソリンスタンドがそこしかないというのにも驚くんだが。

地域住民……はそんなにいないが、緑区、岩槻区、川口市の広範囲から客を集めるイオン浦和美園店。今後みそのウィングシティの開発が進むにつれ、更なる集客が見込めるはず、といいたいのだが、大きな誤算が発生。岩槻区を挟んで東側にある越谷市に、浦和美園店を超える大型店、イオンレイクタウンがオープンしてしまったのである。レイクタウンもウィングシティ同様に大規模開発の最中なのだが、イオングループもそんな近いエリアに客を食い合う大型店を作らなくてもいいのに。

とはいえ、ウィングシティの住民にとってはイオン浦和美園店が命綱なのは変わりない。イオン以外はようやくコンビニが2店舗なんてエリアなのだから、客足が途絶えるワケもないのだ。

まさに奇貨おくべし先行投資で街は育つ

みそのウィングシティの開発は、現在も至るところでマンション建設や宅地整備が進行中。整備が終わるたびに売り出される宅地は、辺鄙すぎて誰も住まないだろうという予想を覆し、希望者が殺到しているという。入札を先着順にしたら、なんと3日徹夜の並び組が出て、慌てて抽選制に変えたという伝説も。国道沿いという立地、今後岩槻区北部への延伸も予定される埼玉高速鉄道の存在、何より現状不便だからこそ地価もそう高くないというあたりが人気の理由だろう。大宮区や浦和区だと、空き地もないうえ地価も高すぎて土地が持ちにくいのだ。

現状ではまだまだ開発中で、ぱっと見空き地だらけの荒野に巨大ショッピングセンターがあるから異様に見える。が、あと数年もすれば新築だらけの住宅地が完成し、その中心地に巨大店舗と、理想の住宅エリアが出来上がることになる。そう考えると、イオン浦和美園店は先走って作っちゃったのではなく、住民を呼び込むための先行投資だったのだ。

越谷レイクタウン店に抜かれたものの、超旗艦店であることには変わりない。住民の命綱だ

建売住宅も多いが巨大マンションも多い。土地のない武蔵浦和あたりとは違いタワー化はしない

見沼田んぼは埼玉らしくこのままにしておきましょ

水田は消えたが見沼田んぼは健在

新生さいたま市の中心地といえば、浦和区に大宮区に中央区。ダサいダサいと呼ばれながらも、実際には下手な東京都内の区よりもイケてるエリアだったりするのだが、一方で「ここはホントに関東か」と驚愕するような地域もある。緑区、見沼区、大宮区の一部を占める「見沼田んぼ」は、首都圏で最大規模の農地が残る、畑だらけのエリアだ。ちなみに大部分は見沼区じゃなく、緑区内にある。

田んぼといいつつ減反政策により水田はほとんど残っておらず、野菜や果物、観賞用の花や植木の栽培地、あるいは放棄され荒れ地のままになっている。

見沼田んぼの由来だが、かつてこの一帯は湿地帯（見沼）であり、田んぼ、畑どころか人も住めない状態だった。江戸時代に農地として利用すべく開発が始まり、2本の見沼代用水（灌漑用水）を整備し、この代用水の間の部分が現在の見沼田んぼとなる。そして昭和中頃までは、実際に関東圏最大の水田地帯として、農業が行われていた。「山田の中の一本足のかかし」と歌った童謡「案山子」は、この見沼の田園風景から産まれた唱歌である。

昭和初期の景色が見れます

現在は水田がほぼ残っていない見沼田んぼ。緑区の中央部を縦断するように農地 or 荒れ地が広がっており、また農地としてもさほど重要なエリアではない。ならばみそのウィングシティのように、大規模な宅地として区画整理でもすればいいのに……と思い調べてみると、このエリアは環境保全のために開発不可となっていた。

1958年、埼玉県は台風により大きな水害を受けたのだが、農地だらけの見沼田んぼ周辺は雨水を地面に吸い込み被害は軽微。この治水能力を重視した県が、65年に「見沼三原則」を定める。これは「見沼田んぼはそのままにしときなさい」というもので、地主は自由に農業をすることも、売り飛ばすこともできなくなった。その後やや規制は緩和されたものの、緑地保全が為されるなら公園にしてもいい、程度。相変わらず、見沼田んぼエリアには広大な田んぼ、畑、荒野が残されている。

取材として実際にこのエリアを歩いてみたが、延々広がる畑の向こうに新都心の高層ビルが見える景色は、なにやら幻想的ですらあった。いや、ココ絶対首都圏じゃないよね、的な意味で。この風景がいつまで保全されるかはわからないが、余った土地を無理矢理開発していった結果、環境汚染に悩まされたのが高度成長期の苦い記憶。この辺りはこのまま残しておいた方がいいのかもしれない。なんていうか、日本の原風景みたいになってます。うん、貴重！

見沼田んぼ周辺MAP

122
七里駅
岩槻
JR東北本線
土呂駅
大和田駅
岩槻区
大宮公園駅
七里総合公園
大宮公園
見沼区
東北自動車道
大宮区
埼玉スタジアム2002
見沼自然公園
122
新都心
さいたま新都心駅
見沼田んぼ
浦和
与野駅
浦和
野本町駅
浦和区
緑区
JR埼京線
JR京浜東北線
JR高崎線
JR東北本線
浦和駅
東浦和駅
川口Jct

さいたま市トピックス

パナマの大先輩　見沼通船堀とは

見沼田んぼは広大な湿地帯だった見沼を見沼代用水という二本の用水路で干拓化し作られた水田だったが、同時に江戸期には水運の要路としても利用されていた。東縁と西縁二本の水路の間を流れる芝川は荒川へと注いでいるが、この芝川を使って農作物を江戸市中に運んだのである。

代用水から芝川へ作られた、水運用の掘が見沼通船堀。ただし、芝川と二本の代用水は水面の高さが異なっており、そのままでは船による通行ができなかった。そこで通船堀には4カ所の閘門が作られ、その閘門を開け閉めして水位を調整するという方法がとられる。これ、規模は小さいものの、南米はパナマにある太平洋とカリブ海を結ぶ「パナマ運河」でも使われている方法である。パナマ運河の開通は1914年、かたや見沼通船堀は1731年。通船堀の方が約200年も早かったりする。が、当然ながら見沼通船堀が世界初の閘門式

現在もしっかり可動する関。ただし水位調整のためではなく、たまーに動かす観光用的使われ方だが

運河ということもない（中国が発祥だとか）ので、ことさら自慢できる程のことでもないのが、少々寂しい。

この通船堀と閘門は、現在でも保全されており、年に1度は水位調整のための関の開閉が公開されている。農地だらけかつ開発不可な見沼田んぼに通っていたからこそ、歴史的構造物である通船堀もまた、一緒に保全されたのだろう。田んぼに宅地開発の手が入っていたら、下手すりゃ埋め立てられてたかもしれないのだから。

桜区は埼玉大学で持っている！だって他に何もないんだもん

大学と河川敷だけあとは家ばっかり

旧・浦和市エリアの西端となる桜区。その名前から、春には荒川沿いに花見客が続々と……などと想像するだろうが、この「桜」はソメイヨシノとかの桜ではなく、サクラソウという花のこと。なんでも全国有数のサクラソウの産地だとかで、区名もそれにあやかり命名された。が、そもそもサクラソウってどんな花なのか、区民もよく知らない。ありがちっぽい区名だが、全国の政令指定都市で「桜区」はさいたま市にしかなく、意外とオイシい名前ではある。他にもありそうだけどねぇ。

さて、この桜区には何があるかといえば、はっきりいって何もない。唯一他区に自慢できるのは、埼玉大学の存在くらいだろう。埼玉大学は、埼玉師範学校など旧制3校を統合して1949年に設立された国立大。5学部と各大学院を持つ総合大学で、中でも多くの教師を輩出している教育学部が有名だ。ただし国立大の中では、比較的入りやすい偏差値&倍率だったりもする。また、さいたま市の大学ならではな教科として、スポーツマネージメント概論が。レッズやアルディージャ、Jリーグの関係者を講師として招いているとかで、スポーツといいつつサッカー偏重ではあるのだが。西武ライオンズとかNPB（日本プロ野球機構）とかは呼ばなくていいの？

桜区内にある本校舎のほか、大宮ソニックシティ内と東京は丸の内にキャンパスを持つ埼玉大。が、アクセス良好なキャンパスに比べて、本校舎たる桜区の埼大には非常に通いづらい。そもそも桜区は鉄道不毛地帯が多く、南端に武蔵野線、南西部を埼京線がかすめるくらいで、市内のほとんどの場所は電車を利用できない。そんな桜区のほぼ中央にある埼大も、当然ながらアクセス方法はバスのみ。一応浦和所沢バイパスが大学前を通っているため、バスによる通学は楽ではある（大学構内にバス停もある）が、逆に言えばバスを使わなければば行きようがない。まあ、路線の引き方が浦和偏重で空白地帯が多いというのは、旧・浦和市全体に言えることなのだが。そして肝心の浦和駅は使いにくいとか、どーなってんだ、と。

不便といえば、桜区役所も埼玉大学のすぐそばにあり、つまりはやっぱりバスでしか行けない。そのため桜区の南部に住む住民は、武蔵野線を使ってお隣の南区役所で用を済ませる。旧市役所内に置かれた浦和区役所と違って、新設区の区役所は合併を機に作ったワケだが、なんで便利な場所に作らなかったのか？　便利と言っても武蔵野線沿いか中浦和駅（埼京線）そばくらいなんだろうけど。区役所はちょうど区の中心部に位置してはいるから、区内のどこからでも同じ距離ですよ、ってことなのかもしれないが、区内移動が不便すぎる！

区の西側に目をやると、さいたま市の西境ともなっている荒川が。そして荒川沿いには土手と、多数の公園やゴルフ場。目を引くのはレッズランドなる総合スポーツクラブで、かつて東京農業大がグランドとして利用していた土地をレッズが再利用したものだ。サッカーグラウンドだけではなくテニス場やサイクリングコース、バーベキュー場などかなりの設備投資を施しているが、レッ

埼玉大へのアクセス方法はバスのみ。付近の各駅から直行できるが、やっぱり不便ではある

ズはこの施設で儲けようとは思っていないとか。会員を募集した際はあっという間に定員以上が応募してきた（非会員でも利用可能）というから、やっぱりレッズと旧・浦和エリアの結びつきは強い。だってバーベキューとか、荒川沿いにいけばいくらでもタダでできるのに！

桜区唯一の駅である西浦和駅。そこそこ充実しているが、とくに発展していないるワケでもない

国立埼玉大学基礎データ

創立	1921
本部所在地	埼玉県さいたま市桜区下大久保
学部	偏差値
教養学部	58
教育学部	59
経済学部	54
理学部	58
工学部	56

埼玉大学公式サイト・代々木ゼミナール大学入試難易度ランキング（2007）より作成

さいたま市コラム 4

うなぎの発祥の地らしいが……本当!?

　ＪＲ浦和駅の西口を出ると、出迎えてくれるのが「浦和うな子ちゃん」像。アンパンマンでおなじみの漫画家・やなせたかし氏デザインであるうな子ちゃんは、さいたま市の観光大使として、『うなぎの街・浦和』をアピールしている。

　……うなぎの街？　そう、浦和は「うなぎの蒲焼き発祥の地」として有名で、そのため街中に鰻屋も多数存在する。江戸時代、浦和近郊は見沼をはじめとする湿地帯や川、沼が多く、うなぎも多数捕れた。沼なんかに魚釣りに来る行楽客や、中山道をゆく旅人などにうなぎ料理を食べさせたのが評判となり、わざわざ浦和まで蒲焼きを食べに来る客も出始めたという。約２００年を誇る伝統料理、うなぎの蒲焼きをご賞味あれ！

　と、奇麗に終わらせればいいのだが、ちょっと気になる点もある。浦和の蒲焼きが有名になった経緯はいいとして、この説明では「うなぎの蒲焼きは浦和

発祥」ということの証明には、なっていないのでは？　ちょっと嫌な予感を感じつつ、「うなぎの蒲焼き」の起源を探ってみた。

まず、うなぎ自体は縄文時代から食べられており、また万葉集では大友家持が「じいさん、夏やせしたならうなぎ喰え」と勧める詩を詠んでいる。が、調理法は不明。初めて文献に蒲焼きが登場するのは、14世紀に京都で書かれた「鈴鹿家記」。ぶつ切りにして串に刺して焼いた姿がガマの浦に似ていたから蒲焼きと呼ばれたという。ただしコレには諸説あり、そもそも現在の蒲焼きとも調理法は違う。開いたうなぎをタレに漬けて焼く蒲焼きが登場したのは18世紀ごろ。千葉のヒゲタ醤油の五代目が開発した濃い口醤油が関東人の口に合い、関西の薄口醤油を駆逐して濃い味の料理が普及。蒲焼きをはじめ寿司などの江戸前料理文化が一気に普及したという。

ああ！　やっぱり浦和はあんまり関係ない‼　浦和の蒲焼きが名物だったのは間違いないようなのだが、「浦和の蒲焼き200年の歴史」と自らが言っちゃってるように、1800年代の話だろう。ヒゲタ醤油ルネッサンスが起こったのは1780年頃だそうだから、後乗りです。

ただし、調味料が完成したら料理法も完成というワケでもないだろう。秘伝のタレの配分やら、焼き加減やらうなぎの開き方やら、その辺りを完成させたのは浦和の料理人だったのかもしれない。いや、そうであって欲しい。でないとうな子ちゃんの立場が危うくなってしまうじゃないか。

第5章

大都会になった与野と
人形とラブホの街・岩槻

名を捨て実を取った合併の勝ち組、旧・与野市

その名があらわすさいたま市の中心地

浦和・大宮・与野の3市（＋遅れて岩槻）合併で、もっとも大きな変化を遂げたのは、なんといっても旧・与野市だ。浦和、大宮に比べ人口、商業規模、そして街としての重要度で劣っていた与野市だが、合併によりその名を中央区と変え、また文字通り新生さいたま市の中心地帯に「さいたま新都心」という超重要エリアが誕生。岩槻市の合併により地勢的には中央と言い難くなってしまったが、区名に込められた意味はエリアのど真ん中という意味だけではない。というよりも、位置がどうこうよりも合併の目玉、新名所、そして合同庁舎が置かれることによる「浦和に匹敵する政治的重要地点」の地位を手に入れた。

さいたま市の中で中心的役割を果たすエリアに昇格したのだ。

棚ぼた的に舞い込んだ新都心誘致の幸運

そもそも浦和と大宮の合併案は、昭和初期から立ち上がっては決裂し、という状況だった。常に浦和と大宮はイニシアチブを取り合い、ほぼ同格の街だけにどちらも絶対的優勢を確保できなかったため、合併案はまとまることはなかった。そんな状況の中、東京の首都機能を地方に分散する「業務核都市」計画が持ち上がる。この計画も、浦和か大宮、どちらが一方的に栄えているという状況であれば、どちらかの都市が選ばれていただろう。しかしそうではなかったワケで、ならばと持ち上がったのが3市の合併。ココでまとまらなければ最後と言われた合併計画の目玉となったのが、この業務核都市計画の中心地となる現在のさいたま新都心開発計画である。

浦和と大宮はほぼ同格で、どちらかの街に機能を集中させるのはうまくない。かといって、両市に分散させたのでは意味がない。そこでこの両市の丁度中間地点、３市が接するエリアにあった大宮操車場跡地を再開発し、そこへ公官庁機能を集約させようという計画だ。また、新たなる副都心！　とブチ上げたのはいいが、その住所が「与野市」では、知名度的にインパクト激減。どこですか？　と聞かれていちいち説明するようなエリアでは、国としても具合がよろしくなかったのだろう。３市を合併させ、政令指定都市を誕生させ、浦和・大宮両市の知名度を活かしつつ新たなる街をひとつ作り上げる。合併成立が新都心計画の「ほぼ」絶対条件だったのだ。

そういう意味では、別に中心地は与野市である必要はなかった。仮に上尾市や岩槻市が大都市であったのなら、それらの市を合併させて中心地に新都市を作ってもよかったはずだ。岩槻にも土地は余っているし、浦和・大宮にも見沼田んぼという（保全指定さえ取り外せば）広大なエリアがある。たまたま両市に挟まれるような地勢にあり、３市が接するエリアに空き地があった。この幸運が、与野市に棚ぼたをもたらしたのだ。

市民は合併を支持　与野市から中央区へ

さいたま市の中心地に急遽躍り出た与野市は、新市名も「与野」を捨て「中央」と名乗る。区名を決める住民投票では「与野区」が断トツでトップだったのだが、当時の市長である井原勇が強権を発動し「中央区」を押した。この井原氏は合併市の区名審議会・会長でもあり、見沼区の区名採用時には「歴史に由来する名だから」と、上位を切り捨て下位の区名を採用したりもしているが、自らが市長を務めた与野市には、歴史を切り捨てど真ん中をイメージさせる名前を付けたのである。また、井原氏は賛否両論多かった3市合併の強烈な推進者でもあった。合併問題で混乱が続く中、行われた与野市長選では合併実現を公約に掲げて当選（5期目）している。当時の与野市では「小さな与野　いいじゃないか！」という合併反対運動も起こっていたが、それをねじ伏せての当選だった。また何かと衝突する浦和・大宮の市議たちを「いいかげんにしろ！」と議場で叱りつけたという逸話も持つ。街を想ってのことなのか、別の意図があったのかはわからないが、井原氏の強攻策により与野市は浦和・大宮に続く第3極を作り上げることに成功したのだ。

歴史よりインパクト　名を捨て実を取る与野

合併以前の与野市が、いかに「どーでもいい」街だったか。それは商業データなどを見ても明らかだろう。合併直前である1999年のデータでは、大宮はともかく「しょぼい」と揶揄の対象であった浦和の商業レベルよりも遥かに小さい街だったことがわかるし、主要産業は自動車の販売業や町工場。自動車ディーラーはともかく、町工場などはすでに斜陽と呼んでもいい状況にあったから、やはり2大都市に比べ格は2枚も3枚も下だった。与野市エリアの発展のためにも、合併は必要だったのだ。

もちろん街が大きくなることが、イコール住民の幸せというのは暴論だろう。そのため反対運動も起こっていたのだが、市長選の結果は合併推進派の勝利であった。となれば、井原市長は合併を支持した住民の期待に見事応えたということになる。2007年に病没した井原氏だが、現在の与野市エリア、さいたま新都心の発展を見たら、なにを想うだろうか？

現在、旧・与野市エリアの町名などに、「与野」の名称は一切残っていない。もちろん駅名などには残っているが、エリアとしての与野はすでに存在しないのだ。

与野市だって歴史のある街ではあったのだが、名前より実益を取ったのだ。浦和や大宮、そして岩槻もさいたま市の一員、政令指定都市として大都市の一員となったことで、様々な恩恵を受けている。しかしもっとも多くの利益を得たのは、間違いなく旧・与野市である。

さいたま市各エリア別
商店数、従業者数、年間商品販売額及び売場面積

市名	商店数	従業者数	年間商品販売額（万円）	売場面積（m2）
与野市	752	7,343	50,321,398	52,370
浦和市	4,245	35,368	141,051,333	341,666
大宮市	5,542	54,875	351,502,984	465,318
岩槻市	1,075	8,777	24,665,319	95,360

埼玉県商業統計調査（1999）

旧与野市の産業別従業員数

食料品製造業	134	窯業・土石器製造	100
繊維工業	0	金属	323
アパレル	60	一般機械器具製造業	883
木材	0	電気機械器具製造業	427
家具	25	輸送用機械器具製造業	837
製紙	38	精密機械器具製造業	260
印刷	330	その他製造業	83
化学工業	195		

与野市統計書より作成（2000）

合同庁舎の他に、コクーン新都心をはじめとする商業エリアも誕生。浦和・大宮を猛追中だ

重要地点だけに地価も上昇、また人気も高く、高級マンションでも飛ぶように売れていく

中央区の自動車街は負の遺産か？

国道17号とトラックボディで栄えた与野

さいたま新都心の誕生で、一躍さいたま市の重要エリアへと変貌した中央区。ただし新都心以外にも旧・与野は交通の要所で、国道17号と新大宮バイパス、2本の幹線道路が通っている。

新大宮バイパス沿いは大型量販店やホームセンターなどが多数出店しているが、これは裏を返せばこの辺りは空き地だらけで再開発し放題だったということ。さいたま市となってからは再開発の速度も速まり、急激に街の風景を変えている最中で、現在は車さえあれば便利な地域になっている。

一方で、再開発の手も入れにくい国道17号線沿いはどうだろう。京浜東北線や東北・上越新幹線の線路と並走するように走るこの道路は、昭和９年に開通して以来重要な幹線道路であった。常に交通量の多いこの道路沿いには、いつしか自動車関連のディーラーや修理工場、部品工場などが増え始め、「自動車の街・与野」として知られていくようになる。

記録として残っている限りでは、昭和10年にはすでにトラックのボディ工場が現在の北与野駅周辺に２件あったといい、その後も同系統の工場が増えていく。そうこうする内に輸入車や製造の始まった国産車のディーラー、部品工場なども増えていき、街の主要産業へと発展していった。

新都心景気の影で主要産業は壊滅的

その後第二次世界大戦の頃になると一旦停滞するものの、戦後は早い時期に活気を取り戻し、昭和30年代には市内の産業の３割強を自動車産業で占めるようになる。現在工場は減り販売がメインになったとはいえ、自動車産業が占める割合は高いまま。北与野駅から国道17号線を南下していくと、道沿いには次々に各メーカーのディーラーが並んでいる。

が、長引く平成不況に加えてリーマンショックの到来で、日本のみならず世界的に大不況なのはご存じの通り。震源地であるアメリカではあのGMですら破綻、国内でもトヨタ、ホンダ、NISSANあたりのトップメーカーが青息吐息な状態だ。ディーラーは元より、街の下請け工場レベルな与野の工場だって相当な苦境に立たされている。あまりにも自動車産業の比率が高かった与野だけに、不況が来ました、んじゃ別のことでお金稼ぎましょ、というワケにもいかない。幸いにしてさいたま新都心が誕生し、旧・与野市自体は好景気、再開発ラッシュが訪れたが、かつての主要産業は風前の灯火なのである。

旧与野市の自動車産業・企業名

メーカー支社など
埼玉トヨタ自動車株式会社
埼玉日産自動車株式会社
日産埼玉会事務局
埼玉スバル自動車株式会社
株式会社ヤナセ埼玉
主なディーラーなど
埼玉トヨペット株式会社
トヨタカローラ埼玉株式会社
ネッツトヨタ東埼玉株式会社
日産プリンス埼玉販売株式会社
株式会社日産サティオ埼玉
株式会社ホンダカーズ埼玉
Central BMW Premium Selection与野
埼玉マツダ与野店
メルセデス・ベンツさいたま中央
浦和中三菱自動車販売さいたま中央店
ボルボ・カーズ浦和
ジャガー大宮

独自調査

町工場は減少したが、国道17号線沿いにはまだ多数の自動車ディーラーが軒を並べる

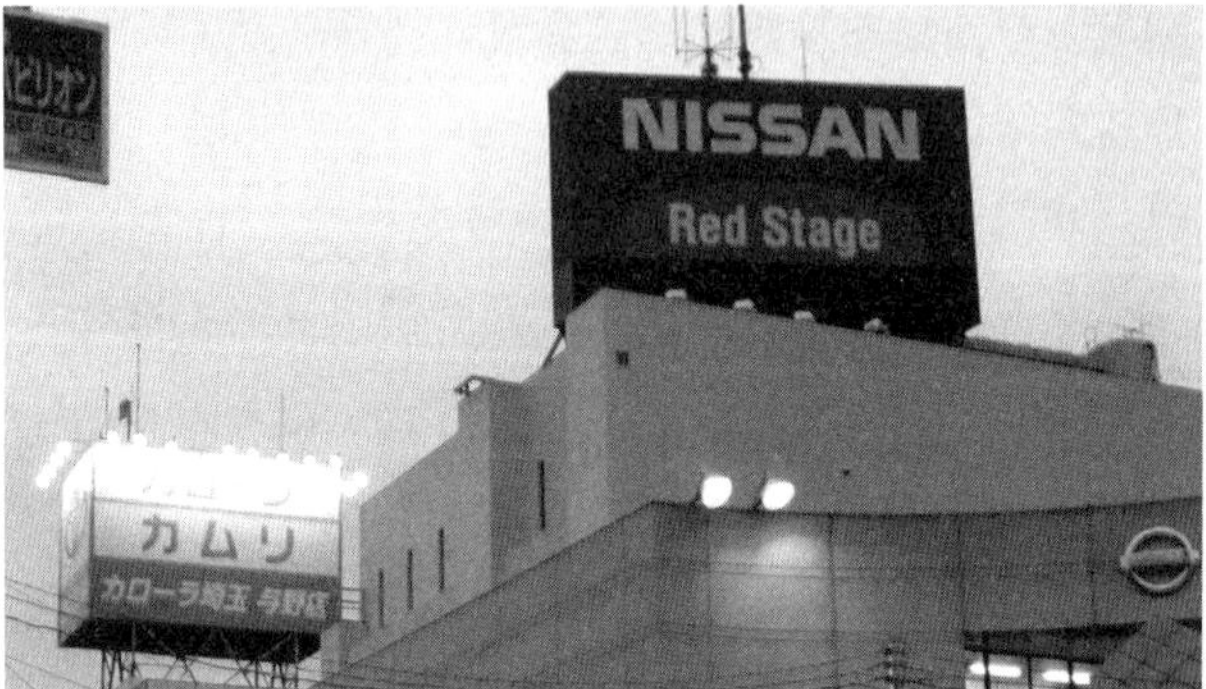

明治時代末期から昭和初期にかけての自動車は、ほとんどが輸入品。当時のバスやトラックは、シャーシにエンジンを載せただけの状態で輸入されており、与野のボディ工場は、これらに対応するために作られたのである

浅草から伝統を引き継いだ人形の街、岩槻は江戸っ子か

人形の街誕生には将軍家が深く関わっている

浦和・大宮・与野の3市合併に遅れること4年。さいたま市の一員となった旧・岩槻市は、日本人形の職人が集まる「人形の街」として有名な、伝統工芸の街だ。

岩槻が人形の街となった経緯は、江戸時代初期までさかのぼる必要がある。岩槻区内を通る日光御成街道は、その名の通り将軍家が日光へ参拝するための街道、また日光東照宮設営のために集められた職人たちが行き来する街道だった。岩槻は御成街道の宿場町として栄えており、職人たちの中には岩槻に住み着いてしまうものも多くいたという。が、これが直接人形作りに繋がるワケで

はない。岩槻は桐の産地でもあり、住み着いた職人たちは、まず桐を使って家具など調度品を作っていた。この生産過程で出る桐のおが屑が人形作りに大きな役割を果たす。

元禄10年（1697年）、日光廟（東照宮）の修理のために京から呼ばれた仏師・恵信は、その帰路の途中で病気になり、岩槻宿に滞在する。その恵信が桐のおが屑と生姜糊とを練り合わせて作った桐塑（とうそ）を発案、実際に試してみたところ、見事な強度、発色に。また絵の具の乗りも非常によく、この新素材で人形を作り始めたという。恵信もわざわざ京から呼ばれて東照宮の修理に参加するほどの名人だったから、人形作成の過程でその技術の伝授もあったのだろう。岩槻には人形職人が増えていった。岩槻人形が全国的に知られるようになるのは、もう少し後の1800年代。橋本重兵衛なる人形職人の作る人形がまず関東で評判となり、その名声は京まで伝わっていったという。

岩槻の戦後復興は人形制作から始まる

さて、江戸期に人形の街となった岩槻だが、その後時代を下って昭和期、太平洋戦争が勃発すると、やはり人形作りどころではなくなってくる。職人たちも兵役に取られる者もいれば、軍需産業に従事させられるものもいた。材料だって針金や釘、織物などは統制されて手に入らない。そもそもご時世的に、庶民に人形を買う余裕などあるワケもない。

その一方で、繰り返し空襲の被害に遭う関東圏、とくに東京の下町エリアからは、岩槻へ疎開してくる者も多かった。同業者のよしみとして大量の人形職人を受け入れた岩槻は、戦後になると定住した彼らの力もあって、瞬く間に復興していくことになる。当然ながら、復興の源は人形制作だ。

終戦が訪れると、多少余裕が出てきた人びとは、平和の象徴として戦中には手にできなかった人形を求め始める。しかし東京や大阪などは壊滅的な被害を受けており、職人も問屋も雲散状態。それらの需要を引き受けたのが岩槻で、単に人形制作だけではなく、人形問屋街としても隆盛していく。その主力となったのは、岩槻の職人に加えて、疎開してきた江戸の人形職人たちである。

余談だが、戦後に復興を成し遂げた岩槻では、国内だけではなく進駐軍相手に商売を試みた者もいた。が、海外で岩槻人形はさっぱり人気が出なかったとか。欧米での人形は「子供のおもちゃ」であり、乱暴に扱われるのが前提のアイテムだったため。飾って眺めるためのものである日本人形では、アメリカのお子様の手荒な歓迎には耐えられなかったのだ。

本書のシリーズである「これでいいのか台東区」では、浅草の職人たちについても取り上げたのだが、その取材中に「腕のいい職人さんは、みんな岩槻に行っちゃってねえ」なんて話も聞こえてきた。実際に台東区内では伝統工芸品の職人の数が減っており、現在では岩槻の方が多くの職人を抱えているのだという。岩槻区内でなにやら口調の汚い（江戸弁）お年寄りを見かけたら、それは台東区から越してきた人形職人さんかもしれない。

さいたま市伝統産業において伝統的な工芸技術を継承する事業所数

産業	事業所数	産業	事業所数
岩槻の人形	42	琴、三味線	1
大宮の盆栽	7	七宝	1
浦和のうなぎ	14	だるま	2
お宮	3	つまみ簪（かんざし）	2
額縁	1	日本刀	1
桐箪笥	2	雛人形用造花	1
銀器	1	木工（臼杵）	1
熊手	4	筆	1
組紐	5	和竿	3
剣道具	1	清酒製造	4

さいたま市経済局（2008）

人形展の密集エリアである岩槻駅前。多数の店舗が軒を並べ多くの人形が飾られている

150年以上の歴史を誇る老舗・人形の東玉。岩槻駅前に本店と新館、人形博物館を構える

岩槻城址は休日になると家族連れで浸食される

歴史の街・岩槻だが歴史をあまり感じない

岩槻区は人形の街とともに「歴史の街」とも自称している。その歴史は室町時代後期から戦国時代にかけて、築城名人としても名を馳せた太田道灌から。岩槻一帯を治めていた太田氏は岩槻城なる城を構えており（城自体を築いたのは成田自耕斎正等なる人物だったらしいが）、戦国末期には北条氏、江戸時代には次々と城主を変えつつ最終的には高岡氏の居城となった。その岩槻城の跡地を利用したのが、現在の岩槻城址公園である。

さて、この岩槻城址公園にはなにがあるか。さぞや立派な史跡が残っているのだろう、歴史の街とかいってるし。そんな気持ちで公園を訪れると、かならずや落胆することになるだろう。そう、ほとんど何も残ってないのだ。

そもそも岩槻城は、名古屋城みたいな立派な石垣や天守閣を持っていたワケではなく、いわゆる平城。しかも本丸があった場所は、なんと現在住宅地になっており、城址公園とはいえ実際に城があった場所とは微妙に異なっている。門だけは移築され残っているが、これも実際にあった場所とは違うし、掘も埋まって堀跡になっている。名残を伝える、程度の役割しか果たしていないのだ。

そもそもこの公園、合併を期に改名されたが、それ以前は単に岩槻公園という名前だった。何かとご自慢の多い他区に対抗しようとしたのか「歴史の街」を強調する名前に変更されたのだが、そのままでも良かったんじゃないか？

年中利用する住民は城址公園が大好き

城にまつわるものはないが、公園自体は付近の住民には憩いの場として利用されており、休日ともなれば近隣から家族連れが多く訪れる。公園自体は広大な敷地があるだけ、単なる広場なのだが、それだけにボール遊びや鬼ごっことか、ネイティブな遊びで大はしゃぎするお子様で溢れかえる。ちょっとした遊具もありますよ！　それと何故かはわからないが、東武鉄道で使用されていた「デラックスロマンスカー」なる車両が置かれていたりして、やはりお子様には人気の模様。住民唯一の足である東武野田線繋がりだろうか？

桜の名所としても有名で、春先にはやはり家族連れや団体さんがお花見を。屋台なんかも大量に出るから、やっぱり憩いの場としては機能している。

田舎もいいとこな岩槻区民が、公園で憩いを感じるのか、とか意地悪なことを言ってはいけない。

他区で有名な公園といえば大宮公園などがあるが、それらの公園より遥かに見所が少ないこの岩槻城址公園。もうちょっと歴史を感じさせる何かを整備した方がいいのではとも思うが。岩槻には他にも岩槻藩遷喬館など、歴史のある史跡があるから、もっとしっかりアピールする必要があるだろう。まあ住民は満足して利用しているのだから、このままでもいいのかもしれない。

かつて東武線を実際に走っていたデラックスロマンスカー。名前は派手だがどこかわびしい

城跡がほぼ壊滅的な城址公園だが、かろうじて正門と裏門は残っている。城壁も残そうよ！

エッチをしたくなったら岩槻を目指せ！　ふたりでね

岩槻が誇る３大名物　人形・歴史・ラブホ!?

岩槻を語る場合にかならず出てくるのは、すでに解説したように「人形」と「歴史」。が、日本人形なんて一般庶民がそう大量に買うものでもないし、歴史についても岩槻城址公園の有様を見れば一目瞭然、対して重要な史跡も少なかったりする。じゃあ岩槻には何もないのか！　というと、実はリアルに生活と密着した、ある業種が大繁盛する地帯がある。まあタイトルでバレバレなので、もったいぶっても仕方ないのだが、岩槻区はさいたま市最大のラブホテル密集地帯なのだ。

さいたま市内の各区のラブホテル数をチェックしてみると、軒数でトップなのが岩槻、次いで大宮区に緑区。他の区には数軒であって無きがごとし。西区、見沼区なんかは0件だ。北区も健闘しているが、これは繁華街・大宮駅前から至近に位置する関係か。大都市であり風俗街も持つ大宮にはそこそこの件数があるのは理解できるが、逆になーんにもない岩槻に、どうしてこんなにラブホが立ち並ぶことになったのか。岩槻区民は、そんなに好き者揃いなのか⁉

IC付近のラブホは和製モーテルだった

実際にラブホ密集エリアへと取材へ出向いてみると、その疑問は即座に氷解した。岩槻区の縦長なエリアをまっすぐ貫くように、東北自動車道が走っているが、ラブホテルはそのIC付近に固まっていたのだ。さいたま市第3のラブホ街（?）である緑区にも東北自動車道は通っており、やはりラブホが多いエリアはIC付近だ。

そもそもかつての道路公団により、一定規模のIC付近には、簡易宿泊施設をしっかり用意しておくべし、というお触れが出されていた。アメリカには郊外のハイウェイ沿いにモーテルと呼ばれる自動車旅行者用の簡易ホテルが存在するが、ラブホはいわば日本版のモーテルなのである。

宿泊施設は別にラブホじゃなければいけないということもないのだが、車に乗ってそのまま連れ込めるという便利さ（逃げ場ナシ）もあってか、IC付近はラブホだらけとなっていった。他には、高速付近に好んで住む住民も少ないワケで、やはり嫌われ者で反対運動なんかも起こるラブホテルは、住民が少ないうえに客も集めやすいIC付近や高速沿いへと進出していったのだ。

岩槻にとっては重要な産業です

岩槻インターチェンジ付近は、ちょっと現実感を喪失させるような外観のホテルが林立している。その一角すべてラブホなんてエリアも多く、散策していたら軽く目眩がしてきたものだ。

岩槻では有名な大手人形メーカーのビルが、別エリアへ進出したため空いた途端にラブホになったといった話も小耳に挟んだ。高速沿いにあるのは、ラブホ以外だと長距離ドライバー向けの飲食店にパチンコ屋くらいなもので、むしろ付近の住民はどこで買い物とかしてるのだろうかと不思議に思うほど。

歩いて行ける立地ではないので車を利用する他ないのだが、見沼区の若者とかが遠路岩槻までドライブがてらやってくるのだろう。残念なことに取材は日中に行ったため、コアタイム（いつなんだ）にはどのような状況となるのかはわからないのが残念なところだ。ま、夜に行ったとしても、じーっと眺めて写真撮影したりはできないんだろうけど。

人形メーカー以外にさしたる産業のない岩槻だが、ラブホ勢力は誇るべき一大産業勢力となっている。他には「頭脳パン」で多少有名な伊藤製パンくらい？鉄道インフラが貧弱で、移動には車が必須という、他区とは異なるインフラ事情もラブホ隆盛の一因にあるだろう（緑区東部も同様か）。

区としても「ラブホテルの街・岩槻」を大々的に喧伝するワケにもいかないのだろうけど、ちょっと言い方を奇麗に変えて、「愛をはぐくむなら岩槻で！」とかなら、どうでしょうか？

ずらりと並ぶラブホテル。料金も格安、タイムサービスも豊富と選び放題なのがニクい

ラブホ密集の理由は岩槻インターにあり。が、長距離移動の旅行者よりは地元民の利用が主？

さいたま市コラム 5

軍人過多なコスプレが自慢の与野大正時代まつり

毎年10月、京浜東北線・与野駅前にて開催される「大正時代まつり」。この祭は与野駅が大正元年（1912年）に開業したことを記念して、開業80周年にあたる1991年から行われている。本書の取材期間中にこの祭があるというので、これは取材せねばと訪れてみた。

与野駅に到着し、駅前を見渡してみると……非常に閑散としていて少々困惑。今日は祭じゃないのか!?　与野駅時代は平均乗車人数が約2万5000人と、京浜東北線の駅内でも利用者の少ない駅なので、寂れているのは覚悟していたが。

駅前広場を進んでいくと、メインの通りであるユーロードが見えてくる。ここが祭の会場で、国道17号にぶつかるまでの区間が歩行者天国化されている。通りの入り口には特設ステージが設けられ、地元中学校のブラスバンドによる

演奏会が。また沿道にはぎっしりと屋台が建ち並んでいた。

この屋台だが、普通に買い物できるのは当然として、当日のみ使える「銭」も利用可能。この「銭」は会場中央にある両替場で、現金を換金することで入手できる。大正時代の感覚を味わおうという趣向だが、別に銭で払えばお得とかいうことはない。交換レートは100円＝十銭。

この祭のメインイベントは、大正時代を思い起こさせる衣装を着た参加者による大正コスプレ・パレードだ。当日は午前と午後の2度開催されるこのパレードは、登録制ながら一般参加も可能とのこと。ただし、当日のパレードの様子を見るに、どうも全員町内会（実行委員会？　なんにせよ関係者）の人びとっぽいんだが。沿道の観客と全員が顔見知り、みたいな。外部の参加者いなかったんでしょうかね。コスプレ・パレードが始まるや、方々に散っていた客たちも一斉に通りへと詰めかける。その内容は、陸軍に海軍、空軍らしき制服軍人（ぶっちゃけ多すぎ）、女給さん、郵便局員、女学生、それにモボ&モガ。当時のイケテる恰好を再現、ってコスプレとしてはどうなんだろうか。着るモノなんて人によるじゃないか！　唐草模様の風呂敷を背負ったコソドロのおじさんもいたが、それって大正時代に関係あるんだろうか。

他にはチンドン屋に大道芸人、大正琴の発表会、バイオリン唱歌、人力車にポニーの馬車。やっぱり直接大正時代とは関係ないものも混じってはいるが、かつての街並みを記録した写真や当時の新聞が展示されていたりと、ノスタルジーに浸るにはいいかもしれない。

第6章

大宮vs浦和対立と再開発の意外な関係

合併後も暗闘は続く？ 今なお根強い地域対立説をみる

実際はここまでヒドくはないだろうけど

すでに千葉市を超え、都市としてのブランド力で横浜への挑戦権を得ているさいたま市（まだ差は大きいとは思うが）。ライバルは川崎市といってしまって問題はないだろう。川崎市との比較では、海を持つ川崎市が工業生産力の分野で大きくリードしているが、ブランド力という話になると、どうにも「泥臭い」イメージを持たれてしまう工場群はプラスにもマイナスにもなる。よりスマートな「国の行政機関」を持つさいたま市が、多少リードしているといってもいいのかもしれない。それ以外の要素もかなり競っている。人口はさいたま市が約128万人に対し川崎市は149万人で川崎がリードしているが、東京・

新宿への接続状況のよさ。さいたま市は浦和、川崎市なら西部地域という「高級住宅街」を持っていることなど、良い勝負をしている。

そんな、東京周辺都市ナンバー2の座を競うさいたま市。しかし、さいたま市には今も根強く「合併時のしこり」が残っている、という噂があるのをご存じだろうか。

簡単にいってしまうと、先にも軽く触れた「浦和派」「大宮派」の暗闘である。まあ、実際には、少なくとも総合的にはそれほど激しく戦っているわけではないだろうし、全体としてどちらも発展をとげているので、合併当時にあったかもしれない対立感情も、かなり緩和されていると考えるのが自然だ。だが、たとえば市会議員個人のレベルなど、部分的には和らいでいない敵意が存在するはずだ、と考えるのも、また自然である。

この項では、このような「本当はあるのかないのかわからないが、お話としては面白い」という地域対立説をみていこう。おそらく、かなりの部分が誇張された話だろうし、事実無根の話も含まれるだろうが、部分的には、見逃せない「問題の根源」があるのかも、という意味で、興味深い話題になると思う。

最初の市長は浦和派？

合併後のさいたま市長は、まず一時的な「代理」扱いで、与野市長だった井原勇が務めた。井原は、大宮、浦和という「大国」に挟まれた与野市のトップとして、調整・仲介役として合併を推し進めた実力者。この「代理市長」として適役だった。

合併直後に行われた市長選では、1991年から合併に至るまで浦和市長を務めた相川宗一が、前大宮市長の新藤享弘を破り勝利。この市長選も、根強い「対立説」の出発点のひとつとなっている。

実際、選挙結果を見ると、ほとんどの旧浦和市民が相川、旧大宮市民が新藤に投票した、というデータがあり、2001年の時点では、住民からして浦和、大宮は対立していたという「事実」がみてとれる。そう考えると、この市長選で相川が勝利したのは、合併の時点でちょっとだけ浦和の方が人口が多かったから、ともいえる。実際僅差だったし。

さて、「浦和派」の相川が勝利すると、さいたま市の「新市政」がスタートする。

では、ここでどんな対立が起こったのだろうか。まずは選挙に敗れた大宮サイドの主張からみていこう。

目立つ物としては、「富士重工跡地」の活用方法であろう。先に紹介した「浦和派が大宮の資産を売り飛ばした」といわれる土地である。この富士重工跡地は、大宮駅の北側。日進駅、宮原駅などに近い川越線・高崎線・東北本線が分岐する地点の東側にある。旧大宮市は、1996年にこの土地の約3分の1を購入し、市役所の移転を始め、市の新たな拠点を構築する構想だったという。しかし、相川市政は、この土地に公共施設を建てるという旧大宮市の構想を見直し、一部を島忠へ売却。つまり、現在の北区役所、ステラタウン、島忠の一画を巡る攻防である。

他にも、ハタボウル裏、下町庁舎解体問題など、長い時間をかけて準備されていた大宮駅東口方面の再開発計画が引き継がれなかったとして、不満を呈されている。実際、完全に21世紀型都市となった大宮駅西口に対し、東口は一種「在りし日の大宮」の雰囲気を残しすぎている感はある。

新藤元大宮市長も、これらの方針転換には疑問を呈したとされており、「大宮派」はこれらを根拠に、相川市政へ批判的な見解を示したとされる。これらの事件から、「相川市政は大宮を犠牲にして、浦和を優先している」と主張するのだという。

では、逆の立場からみてみよう。まず、浦和からしてみれば、さいたま市という埼玉県の首都建設に参加するにあたっては、最低限の既得権益を確保した上で「さいたま市としての利益」を追求しようというのが自然な流れだ。つまり、先にお話しした政治都市と商業都市を分けるという、ワシントン・ニューヨーク方式の確立である。

その上で、合併協議時における大宮の「蛮行」を腹に据えかねていたというしこりがある。合併協議時、旧大宮市は新市名を「大宮市」にするように主張した。住民投票の結果はトップは「埼玉市」だったのだが、「埼玉」という名称は行田市にある埼玉古墳群にちなんでおり、この市名には行田市が反対。事実関係からすれば行田市に優先権がある、というのは確かにそうなので、次点であった「さいたま」になったわけだ。ただ、「大宮」を主張する旧大宮市は最後まで抵抗。確かに、第3位は「大宮」で、票数も「さいたま」と大差はなかったわけだが、浦和にしてみれば、自分達より小さい大宮に「併合」されるのは嫌だったし、何より自分達が「浦和」を主張していないのに空気を読んでくれよ、というところだっただろう。

大宮の「蛮行」はまだ続いた。「大宮市」の名前がダメなら、市役所はさいたま新都心に移せ、と主張。ともかく、大宮が中心にならなければ気が済まない、と浦和にはみえたことだろう。元々、この合併協議は「政治の浦和、商業の大宮、文化の与野」という三者三様の相互尊重が謳われていた。浦和の立場からしてみると、大宮の主張はこの尊重関係を無視したものにしかみえない。

ただ、浦和は巧妙に立ち回った。「まあ浦和市役所が一番新しいし、今ある施設を活用するなら浦和がベスト。将来のことはいずれ考えましょう」と市役所問題をクリア。合併憲章でも「市役所の移転はいずれ考えることがあるかもしれない」程度の文言にしてしまった。結局、大宮はがんばって暴れたが、ほとんど浦和の主張通りに事は運んだ形である。ただ、やりこめることには成功したが、不快感は残ったということだろう。

ただ、さいたま市成立後の施策も、浦和サイドからみれば「無理のないように進めた」わけで、富士重工跡地にしても大宮駅東口再開発にしても、全体のバランスを考えて軌道修正をしたにすぎない。

実際、一般市民の声としては、大宮アルディージャのホームスタジアムであるさいたま市大宮公園サッカー場を存続、改修したり、西口に偏っているとはいえ大宮駅周辺の再開発を継続して推し進めたりという点で、特に相川市政に対し「浦和優先」の傾向があるとは思えないという意見も聞いた。確かに、「巧妙に大宮の力を削ぐ」ことを相川市政はしたかもしれないが、富士重工跡地は市役所を作るには駅から遠すぎるとか、大宮駅東口方面の再開発は、追加の用地確保が難しいなどの理由で困難だから後回しにした、といわれてしまうと確かにそうかもしれないな、と思わないでもない。公共施設の新設が浦和に集中しすぎていると大宮派はいうのだが、浦和からしてみると「そもそもそういう約束だったでしょう」となる。公平にみようとすると、どうにも浦和に理がありそうだ。そうした浦和のプロパガンダにまんまと引っかかっているだけかもしれないが。

2代目市長は大宮派？

さて、編者の目には、「大宮が騒ぎすぎ」「浦和が巧妙」にみえた合併だったが、その後、相川市政はなんだかんだで二期も続いた。しかし、三期連続といかず、２００９年、ついに「大宮派」の清水勇人が相川を破って二代目の市長となる。すわ、ついに大宮がさいたま市の覇権を握るときがきたのか！　と期待したくなるところだが、どうも実情はそうではなさそうだ。確かに、「さいたま市本庁舎整備審議会」を発足させ、市庁舎移転への可能性を作りはした。また、ほとんど有名無実化していた「庁舎建設基金」の積み立てを始め、さらに「さいたま新都心にさいたま市庁舎が！」に近づきはしている。ただ、評価としてはそれほど実現性のある動きではなく、ポーズにすぎない、とみる向きがある。

特に、「庁舎建設基金」はちょっと複雑だ。元々、旧大宮市は新市庁舎建設のための貯蓄をしていたのだが、よくある話で、合併に際して「市庁舎がこっちにこないなら、この基金は合併前に使っちゃおう」と流用。そのことを浦和派の議員に「あのお金があったら市庁舎移転を考えてもよかったのに」などとイヤミをいわれる始末。清水市政としては、このあたりの火消しも含めて、とりあえず形だけは基金積み立てを始めた、といったところなのかもしれない。

また、清水市長は、確かに大宮の出身だが、生まれは戸田、その後、浦和、大宮と渡り歩いており、生まれ育ちからしても完全な大宮派ではない。確かに、選挙においては相川市政の批判を繰り返した。だが、選挙に勝利し、市長となっても「露骨な大宮優遇」を行うでもなく、どちらかといえばバランスを保つことを優先しているようにみえる。そもそも、清水は市長選出馬において、バリバリの大宮派の市議会議員などとは距離をおいており、声の大きい大宮派とは一線を画しているのだ。こうした経緯からも「大宮・浦和双方のバランスをとる市政」が基本方針なのだろう。そういう意味では、相川市政で浦和に「多少寄りすぎていたバランス」をほんの少し大宮寄りに戻す程度のことしかしておらず、基本的には相川路線から、それほど外れていない、というのが、広い目で見た場合の評価となりそうだ。

両者和解の道はあるのか

さて、合併協議から続く大宮・浦和の対立だが、取材をしてみると、やはり議員、市民、企業など、それぞれの立場によってかなりの温度差があることがわかった。

そもそも、こうした対立がおこった根源的な要因として、合併に当たって「儲かっている」商業都市大宮のお金が、浦和や与野に使われてしまう、という大宮の感情があった。元々有名だった浦和や大宮の名前に対する誇りもある。また、元来の風土として、浦和は「東京の周辺都市」という意識があり、大宮には「東京とは独立した拠点都市」という気概があった。つまり、浦和の本音としては、自分達は世田谷区・杉並区・武蔵野市などの東京西部地区や、大田区・目黒区などの南部地区と似たような「役割の街」なのである。対して、大宮は横浜・千葉・水戸・宇都宮などのグループなのだ。一種、東京対埼玉の対立であったともいえるわけだ。

こうした根源的な対立の要因を改めて考えると、一般市民レベルでは、かなりの部分が合併によって希薄化してきているように思える。以前は大宮と浦和で「分担」していたパワーが、さいたま新都心の確立、インフラ網の強化で、「東京のベッドタウン兼地方拠点」という、両方のパワーを兼ね備えた。そのため、現在のさいたま市民は、埼玉コンプレックス・東京コンプレックスはかなり解消され、大宮・浦和の感情的対立もなくなりつつあるのである。

企業レベルでいえば、相次ぐ「さいたま市としての」再開発や用地売買によって、浦和だ大宮だという話ではなくなってきている。企業は利益を上げるのが使命だ。金をくれるなら、基本的に誰の味方にもなる。大宮も浦和も同じさいたま市なのだから、変な対立などに構っている暇があったら「さいたま市」と商売をさせてもらうことを優先したい。大宮の地元企業が相川市政にのっかり、清水市政で浦和の企業が大宮で仕事をもらえればそれでいいのだ。

残るは、もう市議会だけだ。もっといってしまえば、多数派政党である埼玉県自民党と民進党（民主党）内部の戦いに過ぎないというべきかもしれない。合併当初は、市民レベルでも対立はあっただろうが、もはやずいぶんと薄れてきた。残るは、地域との結びつきの強い政治の世界だけといえないだろうか。

ただ、こうやって大宮だ浦和だの意識が薄れ、また新住民の増加で地元意識の希薄化が進むと、今度は「浦和のピンチ」がやってくるかもしれない。古くからの地元民なら、政治の浦和、商業の大宮という「常識」が根強いだろうが、新住民としては「市で一番栄えている大宮に市の行政機能も」という要望がでてくるのもまた自然な流れだ。

今後は、旧来の地域対立よりも、こうした「一極集中させるべきか、分散させるべきか」の「意見対立」にシフトしていくのではないだろうか。一極集中にも分散にもそれぞれメリットとデメリットが存在する。ただ、これに関する議論は感情的な浦和・大宮対立よりはもうすこし「マシ」なものといえるだろう。せっかくここまで最新型の都市を造ってきたのだ。次に生まれる対立は、未来をよりよいものにするために、役に立つものになるかもしれない。

今もくすぶり続ける市庁舎移転問題。合併時の合意では、一応解決しているが、問題を先送りにしただけともいえるので……

まだまだ続く大宮の再開発

大宮駅周辺の次なる再開発は

大宮・浦和対立の「主題」にもなったさいたま市の再開発。ここでは、その実情をみながら、各地でどのような再開発が行われ、それがどのような結果となっているかを詳しくみていこう。

さいたま市が発行する「さいたま市の再開発」というパンフレットがある。これによると、市が取り組む大規模な再開発は25件。そのうち19件はすでに完成、工事中（完成直後のものも含む）が4件、計画が決定したものが2件となっている。このうち、15件は合併前に建築が始まり、遅くとも合併直後までに終わっており、合併後に事業がスタートしたものは10件だ。

この、合併後に事業がスタートしたものをみると、確かに「浦和優先」といわれてしまっても仕方がないかもしれない。この10件のうち、すでに完成、もしくは工事中のものは8件だが、そのうち浦和駅周辺が3件、武蔵浦和駅周辺が4件、大宮駅周辺は1件だけである。

しかし、このリストにはからくりがある。浦和駅前のコルソ・伊勢丹という、比較的古い再開発ビルが載っているのに、ほぼ同時期といえる大宮の象徴、ソニックシティがないし、さいたま新都心関連のものもほぼゼロ。それもそのはず、ソニックシティやさいたま新都心の再開発は、県や国が大きく関与した事業であり、さいたま市（旧大宮、浦和、与野など）が主体となって行ったものではないのだ。つまり、そもそもの構造として、県や国が積極的に関与してきた大宮と、市がかなりの部分を独自に開発してきた浦和という構造があった。合併後、この構造が取り払われ、大宮の再開発も、さいたま市が主導権をもって進むようになった、というのが実情といえそうだ。

早い段階で完成したシーノ大宮に続く大宮の再開発は、現在工事が進んでいる「大門町二丁目中地区」である。これは、長年の懸案だった東口にやってきた再開発だ。もともとみずほ銀行や中央デパートがあった場所に、18階建ての複合ビルを作り、新しい東口のシンボルにしようという計画。高さこそ劣るが、要は東口にもソニックシティに相当するランドマークを作り始めた、ということである。

大門町二丁目中地区再開発の総事業費は約661億円と巨大な規模である。現在工事中、または完成直後の他の再開発事業は、武蔵浦和で2件、浦和1件だが、それらは大門町二丁目中地区に比べれば小規模で、約380億円から450億円。合計すると、浦和1251億円対大宮661億円と、ダブルスコアになってしまい「やっぱり浦和優先じゃん」といいたくなるが、まあ単独の予算は大宮の方が大きい。さらに、大宮にはすでにほぼ完成した、とみられがちな西口にも再開発計画が決定している。先に挙げた「計画が決定した」ものがこれで、現在「これから行う」再開発はこの2件のみ。つまりしばらくの間、さいたま市の再開発は、大宮でしか行われないというわけだ。

大宮駅東口再開発の皮肉な歴史

では、これら大宮で進行中の再開発計画を詳しくみてみよう。まず、すでに工事が始まっている大門町二丁目中地区の再開発だ。

何度か説明してきたとおり、大宮駅の東口、西口というふたつの顔は、なかなか紆余曲折を経た発展のしかたをしてきている。現在は、ご存じの通り最新式の西口と昭和な東口という図式になっているが、西口の再開発が進むまでは、その立場は真逆だった。東口には商店街とデパートがあり、「市街地整備が進み」道路も広い新しい街で、西口は闇市以来の雑多な雰囲気を多分に残す古くさい街だったのである。

これが変化したのは、東北・上越新幹線の整備が決定した1971年以降。駅前に広がっていた商店街、飲食店街を文字通り一掃し、ソニックシティを中心とする近代都市に大変身してしまったわけだ。

この、西口の急激な変化にはふたつの要因があった。まず、新幹線という巨大なきっかけがあったことで、国や県も大きく参加し、さらに再開発に必須の用地確保、実態からいえば「強引な地上げ」を含む大ナタを振るったこと。もうひとつは、西口が「発展していない弱い街」だったから、その破壊も比較的楽だったということだ。

これに対して当時の東口は、デパートなどの大規模店舗はあるし、すでに十分に整備も進み、発展していた「強い街」であったことから「新幹線がくるといっても、わざわざ手を加えなくてもいいだろう」という状態。また、これは大きな駅周辺ならどこでもある話だが、戦後の混乱期以来の複雑な地権のからみも残っていて、今以上の再開発をやろうと思っても困難だったわけである。

これが、現在東口が「時間の止まった街」になってしまっている主な要因といえる。しかし、いつまでもそのまま、というわけにはいかない。そこで始まったのが、大門町二丁目中地区の再開発なのだ。

大門町二丁目中地区再開発と区役所移転

大門町二丁目中地区再開発が行われる場所は、駅に完全に隣接しているというわけではないが、直近のメインストリートに面した一等地だ。計画によると、10階建てと18階建てのふたつのビルから成り、低層部分は商業施設、高層部分はオフィスが入るという。中層部分には公共施設も入るということで、東口の中核施設として十分な機能をもった計画といえるだろう。この施設には、NHKのさいたま放送局も入る予定で、まさに西口に対抗できる陣容である。

という感じで順調に進んでいたのだが、なんと、一度はほとんど決定といわれていたNHKはこのビルに入らないことになってしまった。NHKのいいぶんとしては、東日本大震災以降の方針で、災害時に渋谷の東京放送センターを支援するさいたま放送局としては、単独施設じゃないと機能的には難しい、というもの。要するに、渋谷が潰れたらさいたま放送局が日本のテレビの中心になるかもしれないので、「間借り」じゃあキビシイだろう、ということだ。

幸い、NHK撤退をうけ、早くも代わりの入居希望者（社）があらわれているので、いきなりぽっかりと大穴が空いた状態でオープン、という事態は避けられそうだが、やはり「シンボル」としてNHKは欲しかったというのがさいたま市の本音だろう。2010年から市長自らNHK入居を要請していたというのになあ。

また、再開発ビルとしては、もうひとつ「大きな魚」を逃すことになってしまった。大宮区役所である。大宮区役所は、まぁ当然のことながら旧大宮市役所庁舎を引き続き使用していた。この建物は1960年代に建てられた古いものであったため、合併以前より建て替え、移転が検討されていた。この区役所（市役所）移転をめぐる用地や資金をめぐって大宮、浦和の対立（というか浦和につけ込まれたという面も大きい）があったことは前述の通り。とはいえ、さすがにそろそろ移転なり立て替えなりせねばならんこのタイミングに、ちょうどよくぶつかったのが、この大門町二丁目中地区再開発計画だ。

最終的に、具体的な候補地は4カ所ほどに絞られ、その中には大門町二丁目中地区再開発ビルも入っていた。この再開発計画には「公共施設」を入れることが盛り込まれていたため、当然の成り行きといえるだろう。しかし結局、新区役所は別の候補地であった「さいたま市民会館おおみや」敷地への移転となってしまった。この決定には、まあ今までこれだけモメていたわけで、さまざまないきさつがあったと想像されるが、主な理由としては用地の広さが挙げられるようだ。

しかし、ＮＨＫにしろ区役所にしろ、計画時点から「入ってしかるべき」施設だったにもかかわらず、結局逃すことになってしまった再開発ビル。どうにも「このビルなにか問題があるのでは」と邪推してしまうのは編者だけだろうか。とくに、もともと大門にある区役所が、すぐ近くにできる再開発ビルに入らないのはどうなのよ、と思ってしまう。新区役所ができるのは下町で、ここは旧大宮市時代の再開発計画地。さいたま市成立以来、劣勢を強いられてきた旧大宮勢力が、最後の意地で「下町地域の開発計画を再活用した」のかもしれないが、駅から近いのは大門。市民の利便性や、東口一帯の繁栄を考えると、少々手狭でも再開発ビルに区役所を入れるべきだったのではないだろうか。せめてＮＨＫの撤退がもう少し早く確定していたら、新区役所の用地選定も違った展開になっていたかもしれないが……。

西口の再開発はまだまだ続く

さて、なんだかスッキリしない東口に対し、すべてはこれから始まる西口の再開発計画をみていこう。現在西口で計画が決定している再開発計画はふたつ。さいたま市の再開発計画で、これから動くのはこのふたつである。

計画はふたつであるが、片方の大宮鐘塚B・C地区における計画は、要するにシーノ大宮に隣接するエリアで、面積も0・7ヘクタールとそれほど大きくない。現在この場所には武蔵野銀行本店などがあるわけで、事実上はこれらのビルの高層化という感じ。事実上シーノ大宮の拡大案であり、この区域の再開発が終了して初めて、本当の意味で「シーノ大宮が完成した」といえるのかもしれない。

これに対して、もうひとつの大宮駅西口第3-B地区は約1・3ヘクタールと規模が大きい。東口大門の再開発ビルが約1・4ヘクタールなので、おおよそ同等の巨大ビルといえるだろう。場所は、ちょうどソニックシティの向かい側である。

この再開発ビルの特徴は、約580戸の住居を含んでいることであろう。ソニックシティに隣接する駅直近のマンションはかなりの人気・値段の高騰が予想される。下層部分はやはり商業施設が入ることになりそうだ。

しかしこの大宮駅西口第3－B地区。みればみるほど「大宮再開発の最終打」という気がしてくる。この区画は、多くの土地が新式の高層ビルに変わった大宮駅西口方面で、昔ながらの狭い道や民家などが残る区画だ。この区域の再開発を進めるモチベーションとして、さいたま市は「火事の危険」「車が入りづらい」ことを解消する、を挙げている。確かに、今となってはこの区画、大宮駅西口の中で明らかに「浮いて」いる。特に、駅から左手にソニックシティをみつつ、ドトールのわきに伸びる狭い一方通行の道に入るとその印象が強い。小さく古い小料理屋が並んだかと思うと、中途半端な空き地にトタンの住居。これほど駅に近い場所なのに、再開発が始まる前の「東口に比べて整備の進んでいなかった西口」の姿を色濃く残している。

普通、こうした古い景色を残している区画を開発しようとすると、「古い街並みも残した方がいいのではないか」という反対意見が出る。当然、ここ西口第3－B地区でもそういう声はあったようだが、正直、編者が見た限りでは、「どうしても古い街並みを残すべき」区画にはみえなかった。確かに、区画の外縁部には古い店もあり、中々味がある。しかし、中心部は空き地になっていたり駐車場になっていたりと、再開発をみこした用地確保が着々と進んでいた。「文化保護地域」としての「商店街」ではないのである。まぁよくみるとラジコン飛行機・ヘリコプターのショップなど、是非残っていてもらいたいような店もあったりするのだが、数軒の商店だけなら新しいビルに入りやすいように優遇措置をとるなどで対応できる。

確実性の高い資料を確保できなかったので、ある程度想像に任せてしまう部分もあるが、おそらくこの一画は、新幹線を機に始まった「第一次大規模再開発」の際に、用地買収が困難だったエリアなのではないだろうか（予算が尽きて手を出せなかったのかもしれないが）。それが、20年以上の時を経て、途中に少しずつ用地買収↓とりあえず駐車場などの措置を進めつつ、ようやく手を付けられる状態になったのかもしれない。

つまり、シーノ大宮に隣接する「古い街」と、ソニックシティの向かい側の「古い街」がついに消え、近代都市大宮駅西口が完成するときが、ようやく来たのである。これによって、すでに近代化が進んだ西口が、さらにパワーアップするのか、それとも「ビルを建てすぎて供給過多」になるのか、それはわからない。しかし、すでにここまで作ってしまった街だ。いまさら止まるわけにはいかないだろう。

今後は、本当に完成した西口と、これから作り直す東口のコンビネーションがより一層重要になるだろう。ビルだらけの西口は、これから街路樹や屋上緑化などを進めて「潤い」を増すことが重要になるだろうし、東口は新しい再開発ビルと旧来の商店街を両方とも活かして発展していくことが望まれる。また、東口の発展が成ったとして、それが西口の衰退に繋がるようでは目も当てられない。正直、大宮は巨大化しすぎてしまったのかもしれない。近くにさいたま新都心と浦和というそれぞれ強力な拠点があることを考えると、もしかしたら過剰なハコモノ造りをしてしまったという可能性は捨てられない。これからは「攻め」よりも「守り」だ。どんなに良いハードも、ソフトが充実しなければ無用の長物。大宮は、難しいハンドリングを要求される都市になった。

アルシェの完成は1994年。大宮駅とペデストリアンデッキと直接繋がる施設ができたことで、大宮の変化が如実に実感できた

元来氷川神社の門前町であった大宮だけに、参道を基本とした再開発計画を多数検討したが、あまり上手くはいっていない

浦和の開発は次へのステップ!?

「浦和開発史」をみる

大宮の再開発は、おそらくこれから成される西口2カ所で一応の完成をみるだろう。東口のさらなる開発という課題は残るが、これ以上の大規模開発は過剰供給の危険性を計りながら進める必要がありそうだ。

対して、浦和はまだまだイケイケといえるかもしれない。2大拠点である浦和駅、武蔵浦和駅周辺は、本書編集時点の2016年、ようやく再開発が一段落「つきつつある」段階にあり、これから「まだ不足がある」要素をみつけるかもしれないからだ。

先に、合併後のさいたま市は、「浦和派」の支配が続き、大宮の再開発などが後回しにされている、という主張があることを紹介した。逆に、大宮（とさいたま新都心）の開発には国や県のバックアップがあり、浦和は独自に行っている、という見方ができることもお話しした。ここでは、後者の立場に拠って浦和の開発史をみていこう。

浦和の街は、埼玉県の中でも特にブランド力が高い。直接的な祖先としては、戦国時代の市場。江戸時代には宿場町にもなり、江戸近郊の街として発展していく。関東大震災後には、郊外住宅地や別荘地としての地位を高め、当時から「高級住宅地」のひとつとして認知されている。先に「浦和は自分達のことを世田谷区や杉並区に近い存在だと思っている」という話をしたが、世田谷区や杉並区、大田区や目黒区などが、関東大震災後に住宅地として発展したことを考えると、確かに浦和も「そのグループ」に属しているといえるだろう。

埼玉県内における旧浦和市の地位は、こうした経緯もあって常に高かった。だからこそ県庁所在地にも選ばれたわけで、人口も多い。戦後、埼玉県で長らく最大の人口を誇っていたのは川口市だったが、1995年には浦和市がトップに立ち、合併によるさいたま市成立後もトップ。2016年時点でも旧大宮市エリアが約50万人なのに対し、浦和は約55万人と多く、合併後、かえって大宮との差は広がっている。また、本来東京のチームになるはずだったレッズを誘致できたことも大きい。浦和のブランド力は高いといっても、それは埼玉県内からせいぜい東京北部までの話だった。それを全国規模の知名度に引き上げたのは、間違いなくレッズの力だ。Jリーグ開始後数年、ヒドい低迷を続けたのも、その意味では悪くなかった。

そんな浦和だが、巨大ターミナル大宮、旧与野市が大半の土地を占めるさいたま新都心という「新興都市」に対し、再開発という点では劣勢に立ってしまった。埼玉県最大の都市なのに、国や県の「肝いり」な再開発はしてもらえず、急行、快速といった高速路線が通過しかねない微妙な都市となってしまったわけだ。しかし、浦和の凄みは、そうした自体を「当然起こりうる危機」として認識していたかのような「それ以前からの再開発ストーリー」を描いていたことにある。

その話の前に、前史というべき１９６０年代ごろからの状況をみてみよう。浦和といえども、戦後20年は敗戦からの復興と、急激な人口増加に翻弄されつづけてきた。元来、浦和の街は県庁など官庁街の「門前町」であった浦和駅西口方向に広がっていた。1963年には「戦後型都市」としての機能を整えるべく整備計画が練られたが、どんどんと変わっていくライフスタイルや産業構造の変化に追随できず、幾度もの変更を強いられた末、ようやく1981年に駅前交通広場と現在のコルソ・伊勢丹が完成した。現在の浦和の歴史は、ここから始まったといえるだろう。

ようやく戦後型都市としての体裁を整えた浦和は、しばらく鉄道駅の強化など基礎体力の増強に努める1985年には武蔵浦和駅がオープン。すでに浦和駅や北浦和駅、南浦和駅ではカバーしきれなくなっていた住民の足を確保した。武蔵浦和駅開業後は、この近辺の開発を重視。1994年からはラムザ、1996年からはライブタワー武蔵浦和を着工し、まずは武蔵浦和を仕上げにかかる。1980年から大合併への話が始まっていることを考えると、この武蔵浦和開発は、来るべき「さいたま市」成立後を見越した「浦和保護策」のようにみえる。

武蔵浦和の街が形を整えると、続いて浦和駅の強化にかかる。もちろん、北浦和駅近くの小規模な開発など（1998年から）、旧浦和市全域のトータルパッケージも忘れてはいない。1998年からは約594億円という巨額を投じてストリームビルを西口に建設。エイペックスタワー浦和もこの年からの建設だ。大宮が新幹線と新都心で狂奔している間も、浦和は着実に歩を進めていく。パルコなど東口の開発にも、同年から取り組んでいる。

既成事実をそのまま強化

特筆すべきは、これらの大規模開発が合併の2001年をことごとく挟んで進行していたことだ。特に、元々開発が進んでいなかった東口方面は、なんと17年もかけて完成にこぎつけた。これはもはや、「とりあえず始めておいて、合併後は大宮の予算も頂戴してうっはっは」という策略にみえてくる。事実、もう止めようのない大開発は、さいたま市成立後も継続し、2006年頃までにおおよそが完成。2001年以降は「さいたま市の開発」になるわけで、旧浦和市単独で行うにはキビシイかもしれなかった再開発が、次々と計画通りに実現していった。

これは、おそらく旧浦和市の危機感がそうさせたものだったのではないだろうか。さいたま市が成立すれば、大宮駅やさいたま新都心が市の中心になるのは目に見えていた。市レベルの努力を超える力が、大宮や与野には与えられていたのである。しかし、最大の都市はやはり浦和だ。なすがままにストロー現象にさらされるわけにはいかない。

この合併のタイミングでは、大宮の再開発のうち、先に紹介した富士重工跡地や下町地域再開発は「実体化」していなかった。そのため、さいたま市全体のバランスを考えた場合、計画を変更しても差し支えなかったのである。つまり、時系列からみると、合併後に相川市政の元、「浦和優先」の開発が続けられたというよりも「すでに浦和を優先せざるを得ない状況」にさいたま市はあったわけだ。深慮遠謀とは、まさにこのことであろう。

合併後の堅実な浦和再開発

さらに巧妙なのは、合併後にスタートした浦和の再開発が比較的小規模なものだったことだ。たとえば２００４年からスタートした武蔵浦和のナリアは事業費が約２２７億円。浦和のコスタタワーは約１２１億円と、他の計画に比べれば低予算。お金のかかる大規模なものは先に済ませておいて、安く上がるものを後から作った、という形になっている（実情としては少々違う点も多々あるのだが）。

そして、合併から約7年がたった２００８年から、予算規模の大きい再開発を再開する。それらが現在建設中の武蔵浦和プラムシティ、浦和駅西口の高砂地区の再開発ビルなどだ。これらの計画も、一部を除いて大宮の開発が「一段落」ついたタイミングで差し込んできている。つまり、大宮からすれば、確かに「浦和優先」で事がはこんでいるのだが、状況的には文句を付けづらいタイミングで事業がスタートしているのだ。さらに、浦和駅の高架化も完成し、駅ビルの整備も進む。西口と東口の人の流れはスムーズになった。浦和駅は、すでに西口の再開発をおおよそ終えているタイミングだ。今後は、これを「理由」に浦和駅東口の再開発をより一層進めることであろう。

浦和駅はどのような存在になったか

着々と街の機能を強化してきた浦和。では、相次ぐ再開発によって浦和市民の生活はどのように変化したのだろうか。

様々な見方はあるだろうが、浦和はいわゆる「新興住宅地」スタイルになったのではないだろうか。比較対象としては、東急の開発都市として著名な横浜市のたまプラーザが挙げられる。

浦和とたまプラーザは、共通点が多い。駅前商業施設の充実、駅周辺には高層マンションがあり、外周部を一戸建て住宅が取り囲むというのが浦和の現在の形だが、たまプラーザもおおよそは同じスタイルだ。

同じく共通点として、たまプラーザには周辺に二子玉川、横浜市青葉区という商業拠点と住宅拠点を持っており、これは浦和にとって武蔵浦和、大宮、池袋、上野、東京などに当たる。そう考えると、事実上田園都市線で渋谷に向かうしかない東急の開発拠点と比べ、浦和の方が東京、新宿（池袋）、大宮と多数の選択肢を持つ分有利である。ただ、「ダサイたま」はほぼ払拭されたとはいえ、「横浜」「東急」といったブランドに対してはいまだ大きく劣勢であり、アッパーミドル層へのアピール力は東急エリアに比べ低い。それでも系統としては同一路線になっただろう。

つまり、浦和は元々の「高級住宅地志向」という大方針は変えることなく、その中身を「今風」にバージョンアップさせた、という形になっている。位置づけとしては、東京の新宿に対する吉祥寺・立川のほうがより近いかもしれない。大きな買い物や、学校や会社の仲間と会う際は「都心」である大宮や池袋にいくが、基本的には地元で完結する街のスタイルだ。

埼玉都民の住む街からさらに東京の街に

こうした街にはどのような人が住んでいるか。浦和人種という意味で考えると、ここには多少の変化がみられる。といっても「傾向」が変化したわけではない。昼間人口、夜間人口という言葉をご存じだろうか。昼の間にその地域に居る人、夜の間にその地域にいる人の数を計る基準だが、要するに、昼間人口の多い土地は、地元で働く人の多い地域で、夜間人口の多い地域はベッドタウンというわけだ。

この数値は、合併に前後して、かなり変化している。大宮との比較では、大宮は昼間人口が大きく増え、浦和は夜間人口が大きく増える、という結果になっている。大宮の夜間人口も増えているので、浦和、大宮ともに東京のベッドタウンとして人口を増やしているわけだが、浦和は夜間人口の伸びが特に激しい。当然、元々東京への通勤圏であったことから、これは正常進化というべきなのだろう。

これにより、全般的な傾向は以前とかわらない「郊外都市」「高級住宅街」ではあるが、新規住民の流入、駅前大型店による個性の喪失などにより、さらに埼玉県民の意識が薄れ、東京型の住民が増えている。これは、地元に大きな雇用を抱える大宮、与野などに比べかなり顕著な住民傾向の違いに繋がっている。元々、「さいたま市」を拒否して、「俺は浦和の出身」「大宮の生まれ」といっていたのが、浦和や大宮の住民だが、この「浦和」の位置づけが、さらに一歩進んで「東京都浦和区」な感覚になってきているのである。

ただ、一方で浦和レッズの存在や、サッカー所の伝統などにより、埼玉県やさいたま市とは乖離した「浦和」意識が強まっている、という話も聞いた。浦和駅、武蔵浦和駅周辺の商業施設が充実したことで、子どもや主婦層が街を離れて買い物や遊びにいく「必然性」が薄れたことも、さらにこの「浦和は独立して存在している」感覚を強化しているのかもしれない。

この感覚は、まさしく東急開発地域や東京都西部にあるもので、悪い言い方をすれば、浦和は完全に「埼玉」「さいたま」から脱却しつつある。

痛し痒しである。埼玉県は、県のイメージアップに長年苦慮してきた。過去盛んにいわれた「ダサイたま」を払拭するために多くの努力をはらってきたのだ。

そんな埼玉県にあって、浦和は希望の星だった。唯一と言っていいブランドの街だったのである。本当は、浦和が先頭に立って埼玉県のイメージを高めていって欲しかったのに、どちらかというと、分離独立的な流れがみえるのが今

今のところ、東口の再開発は20年近くの歳月を要した駅前のパルコ周辺だけなイメージ。追加の計画はあるのか？

日この頃だ。
さいたま市としても、浦和は重要な街だ。合併の理念は、商業の大宮、政治の浦和、文化の与野だった。それが、浦和は政治の実権は握りつつ、人も文化もどんどん東京に接近していく。浦和の抜け目のない発展は歓迎したいが、今のままではさいたま市としてはちょっとイカん、というところなのかもしれない。

写真は1998年に完成したラムザ。以降の再開発ビルも、このラムザに倣ってかなんとなく似たようなデザインになっている

新都心は最後の課題を解決できるか

タイミングも候補地も最高だったさいたま新都心

さいたま市の再開発をみていると、大きな流れとしては大宮→浦和→大宮といった感じで2大都市が交互に集中して開発を行っている。これは、仕掛けなのか偶然なのか。合併後は浦和がイニシアチブをとってこの流れができているようにみえるわけだが、それ以外の土地はどうなっているのだろうか。

ここでさいたま市にとって第3の首都といえ、大半が旧与野市に属することからも、与野勢力の期待の星であるさいたま新都心をみてみよう。

さいたま新都心は、さいたま新都心駅を中心に、大宮と浦和のおよそ中間地点にある。この立地、そして開発スタートのタイミングは、あらゆる意味でさいたま市にとって「奇跡的」であった。

経緯をおさらいしておこう。まず、さいたま新都心の原型が生まれたのは1986年。この頃はプラザ合意を機に始まったバブル時代。首都圏への一極集中が限界に達していた時期である。東京都は、まず丸の内エリアへの一極集中を解消すべく、東京都庁舎を西新宿の淀橋浄水場跡地へ移転する。これに伴い、西新宿一帯の大規模な再開発が行われ、十二社池周辺の、のんびりとした「観光エリア」から、新鋭のビジネスエリアへと変貌する。しかし、すでに巨大繁華街であった新宿への「副都心」建設は東京全体でみれば焼け石に水ともいえ、近郊首都圏へのさらなる移転が計画される。

そこで決められたのが「業務核都市」というものだ。これは、超過密状態にある都心部の機能を移転できる都市を指定するというもので、1986年に設定された第4次首都圏基本計画で、横浜市、川崎市、厚木市、八王子市・立川市、青梅市、熊谷市・深谷市、浦和市・大宮市、土浦市・つくば市・牛久市、成田市・千葉ニュータウン、千葉市、木更津市が指定された。この後、1999年にはさらに拡大され、町田市・相模原市、川越市、柏市なども指定を受けている。

業務核都市の制度が始まった当時、最も大きな開発が行われていたのは千葉市だった。幕張新都心である。ただ、幕張にとってみれば業務核都市制度はちょっとタイミングが悪かった。幕張の開発は１９６７年に計画が決定し、１９８０年代初頭には施設が完成し始める。東京コンベンションセンター（現在の幕張メッセ）の完成は１９８９年。業務核都市を作ろう、という機運が高まった頃には、かなりできあがってしまっていたのである。

こうなると、「ゼロから新しい街をデザインしたい」首都機能移転構想としては都合の悪い点もでてくる。ましてや当時はバブル期。巨額の投資が可能だったし、そうしたほうが首都圏全体、日本全国としては好調の経済をさらに加速させることができる。「千葉市に無理な計画の変更を強いるよりも新しい場所を探した方がいい」という考え方はあってしかるべきといえる。また、当時の首都圏における「発展バランス」を考えると、既に大きく発展している横浜・川崎を擁する神奈川県、幕張や船橋・津田沼などの開発が進んでいた千葉県に比べ、埼玉県は目立った動きがなかった。「ここは埼玉にも大きな都市ができたほうがいいだろう」という「バランス取り」の意味合いもある。

こうした状況の中で、現在のさいたま新都心の位置には、1984年に機能を停止した「国鉄大宮操車場」の巨大な用地があった。国鉄の施設であるから、駅の新設は必要だとしても線路を新たに引く必要もない。京浜東北線（さいたま新都心駅）と埼京線（北与野駅）を利用可能だから東京（丸の内）、新宿の二大拠点と直結するという利点もある。あらゆる面で、他の業務核都市指定地域よりも有利だったのである。

これが、バブル崩壊後に始まった計画だったとしたら、「すでに開発が進んでいる幕張では、低予算で片付けよう」という形になったかもしれない。さいたま新都心計画の進行が、巨大合併であるさいたま市成立の追い風になったことは間違いない。新都心用地が、大宮、与野、浦和の3市にまたがっていることも、合併にあたって対立点の多い大宮、浦和に「不満点はあるが、ここは新都心のために我慢しておこう」という妥協をしやすい状況を生んだ。合併を推し進めたかった大宮、浦和、与野にとって、さいたま新都心はタイミングも候補地も、まさにドンピシャだったのである。

コクーンシティの完成でイメージは一変

幸運にも恵まれ、順調に発展してきたさいたま新都心、といいたいところだが、やはり困難や失敗、計画の変更は数多かった。

まずは現在の状況をみておこう。本書編集時点の２０１６年は、さいたま新都心が「ほぼ完成」する年だといっていいだろう。２０１６年までに完成、もしくは数年以内に完成する施設は主な物で４つ。商業施設のコクーン２、コクーン３が２０１５年に。さいたま赤十字病院、埼玉県立小児医療センターの施設がおおよそ完成し、２０１７年より開院予定。ＮＴＴドコモさいたまビルの隣に建設中の「さいたま新都心ビル（仮称）」は２０１７年完成予定。大規模な改修工事で２０１６年２月から休業していたさいたまスーパーアリーナも、５月には無事営業を再開した。ともすれば「広大な空き地」がそこらじゅうにあり、スカスカ感のあったさいたま新都心。これらの施設によって、おおよそが「埋まった」状態になり、街開きから16年の時を経て、ついに完成の時を迎えたという形となった。

一般市民からすると、やはりコクーンの完成がもっとも生活に直結する出来事だろう。さいたま新都心は東北本線の線路を挟み、東西に分かれていて、コクーンのある東側がいわゆる商業エリア。この場所には、元々工場と、イトーヨーカ堂、住宅展示場、ゴルフ練習場などを合わせた「大宮カタクラパーク」というロードサイド店エリアがあって、いってみれば「普通の県道沿いの景色」という感じであった。さいたま新都心の街開き当初は、このエリアが基本的にはそのままだっただめ、「やたらと未来的な西側の行政施設」と「相変わらずな商業エリア」というちぐはぐ感があったわけだ。2004年までに元からあったカタクラパークと「コクーン新都心」のコンビによる巨大な商業エリアが建設され、ようやく東側も「新都心」の体裁が整う。

ただ、以前のこのエリアは、このように旧来の商業施設に新施設を追加した形であり、見た目としては「思ったより新しい感じがしない」きらいがあった。これを解消したのが2012年から始まったリニューアル計画。ゴルフ練習場などはなくして新施設を建造。これが現在のコクーン2だ。イトーヨーカ堂はこのコクーン2に移り、跡地は改装され、コクーン3となる。元々のコクーン新都心も改装されコクーン1へと名称変更。ひとつの新施設建設にあわせ、商業エリア全体を「コクーンシティ」としてリニューアルしたわけだ。コクーン3には、もはや再開発地の集客には欠かせないヨドバシカメラのマルチメディアさいたま新都心駅前店が入り、陣容はいよいよ充実。道路を挟んで建っているコクーン1と2の間には陸橋が設けられており、各施設の接続もばっちりである。

しかし、コクーンの拡張計画はまだ終わったわけではない。2024年までには、コクーン2の奥にあるコクーンシティ住宅展示場の再開発を行う計画。その後、コクーン1を再度リニューアルし、問題点を解消するというところまで構想されている。まだオープンから日が浅く、珍しさからの一時的な現象かもしれないが、大宮、浦和からかなりの客が新都心に流れ込んでいるという。今のところ、コクーンの完成によって、さいたま新都心は商業拠点としても「新都心」としての力をつけつつあるようだ。

複合ビルが空き地をなくした！

お次は２０１７年完成予定の「さいたま新都心ビル（仮称）」である。さいたま新都心駅西口を出て目の前、さいたまスーパーアリーナの向かいに建設されるのがこれ。元からこの場所にはＪＲがホテルを建てるつもりだったようだが、諸般の事情で中断されていた。これが２０１４年にようやく開発が発表され、翌年着工。２０１７年完成の予定だ。

ビルの構成は、１階に子育て支援施設、２～４階が商業施設で５～10階はホテル。その上はオフィスが入るという複合施設だ。１階が子育て支援施設というのは、駅から続くペディストリアンデッキに接続され、このビルの事実上のメイン玄関が２階になることから、こういう配置になったのだろう。

ホテルは約１６０室ということなので、規模から考えてシングルなど小さめの部屋が中心になると思われる。想定される用途も、ビジネス、イベント来場者、後述するさいたま赤十字病院入院者のつきそいとされているので、ホテルとしては「やたらと立地のよい高級ビジネスホテル」といった位置づけだろう。

しかし、このビルは本当に「ようやっと建ってくれた」という気になるのは編者だけだろうか。さいたま新都心の街開き当時、建っていたのは合同庁舎とアリーナくらいなもので、巨大工事現場にぽつんぽつんと巨大施設、という何とももの悲しい光景だった。その後、明治安田生命さいたま新都心ビルやNTTビルが建ち、徐々に陣容が整ってきたわけだが、このさいたま新都心ビルという「ベスト立地」がぽっかり空く形になっていた。これでようやく駅前の体裁が整い、行政・ビジネスエリアである新都心駅西側にも、ある程度の商業施設が充実する形となった。

さいたまタワーの夢は巨大病院に

もうひとつ、さいたま新都心のスカスカっぷりを象徴していた「巨大臨時駐車場」もついに決着がついた。合同庁舎の西側に、さいたま赤十字病院が完成する。

この土地こそ、さいたま新都心最大の懸念点だった。8－1A街区と呼ばれるこのエリア。本来は合同庁舎と並んで新都心の核となる予定だったのだが、新都心計画進行中のバブル崩壊により計画は二転三転。1998年に埼玉県が高さ500メートル以上という超高層ビル建設構想を発表したが、結局立ち消えに。ちなみに、明治安田生命さいたま新都心ビルは約168メートル、合同庁舎1号館は約150メートルなので、目茶苦茶な高さである。

この後、今度は2004年、地デジ移行もあり、デジタル放送用電波塔建設地の立候補に。これが「さいたまタワー」である。今度は高さ600メートル級のタワーだ。しかしこれも、電波障害を起こす世帯が約14万にも及ぶとの想定がなされ落選。電波障害世帯が約2万に留まるという墨田区の東武鉄道貨物駅跡に電波塔事業はかっさらわれた。つまり、東京スカイツリーに敗れたのである。スカイツリーの繁盛っぷりをみるになんとも惜しいことだが、さいたまタワーは「純粋に性能が悪い」というのだから文句のつけようがない。

続いて計画されたのが「MNDさいたま」だ。これは、埼玉県さいたま市都市再生機構が民間企業に超高層ビル事業参加を募集したもので、三菱地所、新日鉄都市開発、大栄不動産の三社が他数社の提携を得て「MNDさいたま」グループを結成。鹿島建設も後に参加し、「さいたま新都心開発特定目的会社」を設立した。

ＭＮＤさいたまの計画は、県内最高となる186メートルの複合施設。下層部は公共施設棟となり、埼玉県などの計画する公共施設に加え、目玉となる「さいたま市サッカープラザ」が入居する構想だった。ちなみに、本来はもう少し低い170メートル台の構想だったのだが、県とさいたま市が「低い！」と文句を付け、企業グループサイドが計画の見直しをし、186メートルに変更された。ビルの高さを10メートルも高くするということは、予算や採算性の全面的な見直しが必要な大問題。結局この見直しのおかげで完成予定日が5カ月も延びてしまったという。

さて、目玉となるサッカープラザは、パブリックビューイングが可能な巨大ビジョンや各種展示、指導者育生のための講習会場、フットサルコートも備える予定となっている。ＭＮＤさいたまのビルは、デッキを通じて新都心内の各ビルから、さらに新都心駅、北与野駅までをつなぐハブ拠点としても期待されていた。ＭＮＤさいたま完成の暁には、北与野駅を含めた新都心内が完璧な形で接続される。まさに新都心の「核」となるべく期待されていた8－1A街区にふさわしい計画である。

この計画が承認されたのは2008年5月。翌年末から着工し、2013年完成の予定だった。しかし、ここでふたつの大波がMNDさいたまを襲う。まず、この計画を強力に推し進めていた初代さいたま市長相川宗一が2009年の市長選に敗北。相川を破った清水勇人は、まずサッカープラザ計画を白紙撤回。またも計画の見直しを強いられたMNDさいたまは着工を1年以上延期する。おりしも、リーマン・ショックが襲い、世界的な経済危機が発生していた時期だ。企業グループサイドは計画の見直しを要請。ビルの高さを100メートル前後まで下げ、敷地面積も縮小しないと無理！　さらに県とさいたま市で半分のフロアは借り上げてくれ!!　という「現実的」なプランが示されるが、埼玉県、さいたま市ともにこれを拒否。企業グループサイドは「無理です、済みません」と撤退してしまった。

三菱地所などの企業グループは、この撤退に際して県とさいたま市に合計3億5千万円の和解金を支払うハメとなった。これだけ大規模な計画だ。その間の人件費、必要経費なども当然無駄になるのでトンデモない損失だろう。しかし、当時の状況では、そのまま突き進む方が危険と判断されたのである。

　埼玉県、さいたま市は、これで3度目の挫折となった。500メートル級ビル、電波塔は「プレゼン段階」での挫折だったが、今度のMNDさいたまは、正式契約をし、土地譲渡の手続きも済んだ状態からおじゃんになったのだ。まあ、さいたま市としては、この計画に対して慎重派だった清水市政を選んだわけだから、つまり市民の総意も「MNDさいたまってうまくいかないんじゃない?」という疑問をもっていたともいえるわけで、なんとか危険を回避できたということもできるだろうが。

　ともあれ、さいたま新都心の「シンボル」として期待された8-1A街区は、バブル崩壊、リーマン・ショックという歴史的大事件に相次いで襲われ、相変わらず仮設駐車場のまま残されてしまった。さすがにこのままではいかん、ということで新たな計画が練られる。それが、さいたま赤十字病院と県立小児医療センターの移転計画だ。

　この計画は2011年に県とさいたま市が共同で発表。ここでも意見の対立

さいたま新都心最新再開発 MAP

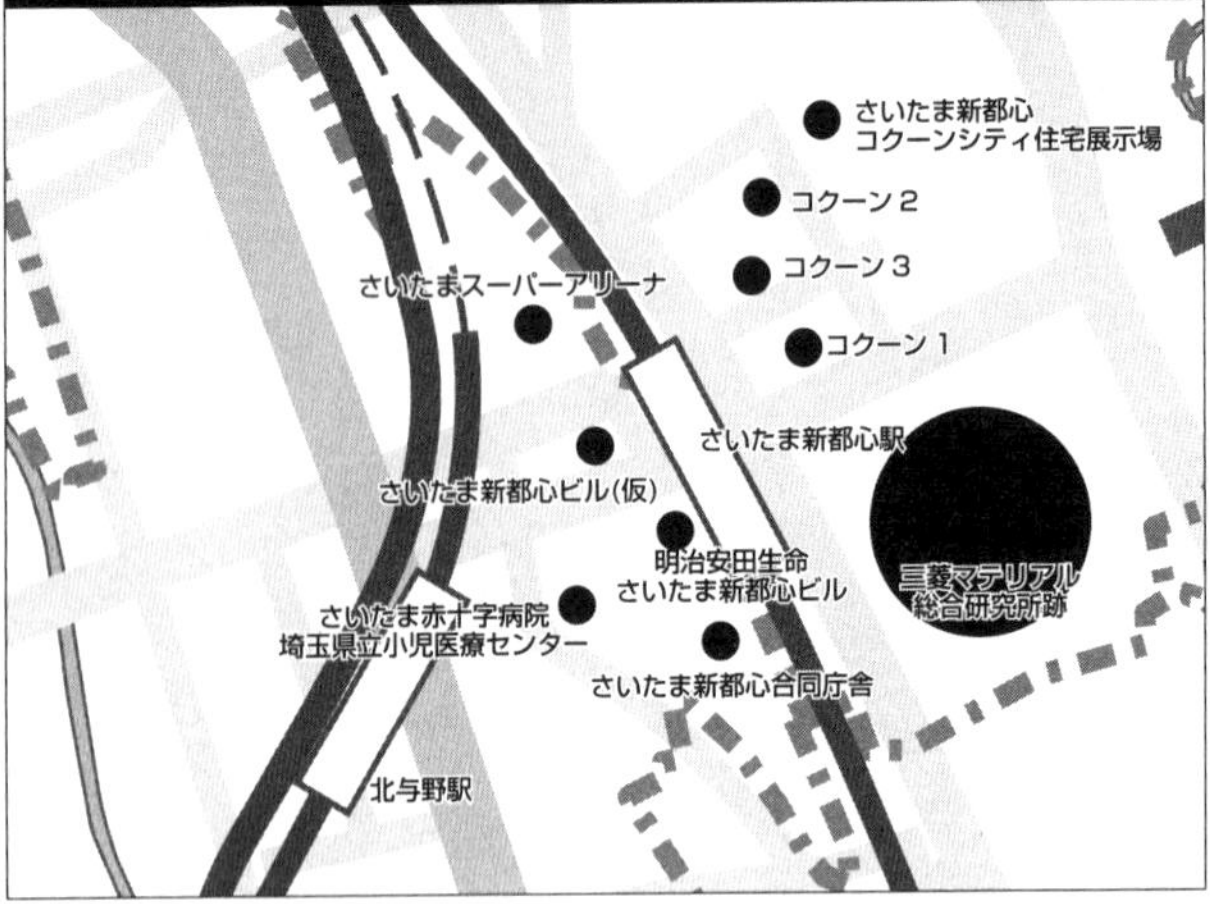

は発生したが、「今までに比べれば」遥かにスムーズに進展する。県立小児医療センターに関しては、一部の機能を別の施設に移すことになったが、おおよその所では計画通り。しかし、これまではこれまでだけに、市民にしても行政にしても、実際に工事が始まるまでは「本当につくれるのかよ」と半信半疑だったのではないだろうか。そんな不思議な感覚の中、２０１４年にはついに工事が開始された。

２０１６年、ついに工事は完成。新都心のエース区画に、巨大な病院が本当にやってきたのである。赤十字病院は高さ約78メートル、小児医療センターは高さ約70メートルと、最初の構想から高さこそ約7分の1になってしまったので、何度も建物の高さにこだわってきたさいたま新都心としては何とも無念ではあろうが、空き地よりは遥かにマシ。ただ、MNDさいたまで計画されていた北与野駅との有機的な接続という夢は、かなり縮小してしまったのもまた事実。病院の完成はめでたいが、「完璧な新都心」を作るという意味では、少々画竜点睛を欠くことになってしまったのである。

最後の大物「三菱マテリアル」跡地は危険がいっぱい？

次々と完成していくさいたま新都心。街開きは2000年だったが、おおよそ全面が埋まったのが2016年前後。大幅な遅れはありながらも、新都心は完成形となりつつある。

そんな中、まだかなりの部分が空き地のまま残されている区画がある。コクーンシティの南側にある、三菱マテリアル総合研究所跡地だ。

この区画、駅から多少離れている上、線路や道路沿いの建物に隠れており、歩いて新都心を回っている分には見逃してしまうこともあるのだが、北袋町1丁目地区として、整備が進められている区画である。

区画名が表すとおり、このエリアは純粋な「新都心」の範囲には入っていない。ただ、思いっきり新都心に隣り合っている施設であったため、新都心と一体になった整備が計画されていた。三菱マテリアルは新都心の街開きに合わせ、研究所の縮小と再開発の方針を発表。15ヘクタールという巨大な区画であるため、新都心としても大いに期待がもたれた。

しかし、ここには大問題が発生していた。なんと敷地から放射性物質が検出されたのだ。実はこの三菱マテリアル研究所、今では知る者も少なくなったが、埼玉県にとってはかなり「鬼っ子」な存在だった。1959年、三菱金属（現在のマテリアル）は、ここに実験用の原子炉を建設。そもそも住民も大宮市議会も原子炉建設には反対しており、1968年には撤去を求める訴訟となった。1973年には和解が成立し、原子炉は撤去。これが「大宮三菱原子炉訴訟」と呼ばれる事件だった。

それから約30年。新都心への参加を表明した三菱マテリアル研究所だが、核の後遺症は残っていたというわけだ。が、その内実をみると洒落にならない。新都心街開きの前年、研究所内の建物から放射能漏れが起きていることがわかり調査が行われると、大量の核燃料と放射性廃棄物が保管されていたことが発覚。この調査が行われるまで、三菱マテリアルは「原子炉は撤去したからもう大丈夫ですよ」としており、この核燃料や放射性廃棄物の存在は隠蔽されていたのである。

汚染地域に新都心というわけにもいかず、とりあえず土壌の洗浄が終わったらやりましょう、というのが基本方針となった。行き場のない放射性廃棄物は、結局そのまま敷地内に縮小して建設された新しい施設である三菱マテリアルさいたま新社屋に保管されることになる。２０１２年に、約10年かかった土壌・地下水の洗浄が終わり、「安全な土地」にはなった。だが、敷地内には「放射性物質が残っている」というリスクが、今も存在しているのである。

三菱マテリアル跡地はどうなるの？

このような事情があったため、三菱マテリアル跡地の開発が始まったのはつい最近だ。現在、計画はほぼ固まっており、コクーンに近い線路側にはファッションセンターしまむらが用地を購入。広大な区画内には道路が新設され、交通広場、防災広場が作られる。また、東京の豊島区から造幣局、大宮警察と県警の一部もこちらに移ってくることが決定しており、施設が建設中だ。

本来であれば、ここにも巨大複合施設を建てるとか、もしくは巨大公園にしたい、というのが理想であろう。しかし、「放射能汚染地域」というレッテルが貼られてしまっている土地でそれは難しい。また、今も放射性物質がある、という事実を考えると、多くの人が自由に行き来する商業施設や公園などは、安全面から考えても現実的ではない。

また、先に紹介した「さいたま市役所移転問題」でも、この区域はフューチャーされた。当然といえば当然だろう。さいたま新都心の一角に、広大な空き地があったのだ。旧大宮派など市役所移転派は、「ここに移すべし！」と主張。

結局、ここで紹介した危険性などもあり、この場所への市役所移転はほぼなくなった。これもまあ当然といえば当然。造幣局や警察は、いわばセキュリティの塊だ。警察署があるということは、事実上警備部隊が常駐しているということなので、妥当性が高い（三菱マテリアルさいたま社屋は大宮警察のほぼ隣に位置することになる）。それに対して、市役所は災害やテロなどの危機が起きたとき、対策の拠点にならなければならない。できるだけ危険性の少ない場所にあるのがベターだし、また不特定多数の市民がやってくる施設であることからも、市役所をここに置くのは適切とはいえないだろう。

キレイな外見からは想像だにできない苦難とドタバタを乗り越え、
さいたま新都心はついに完成の時をむかえようとしている

第７章
さいたま市"統一"の準備は整った？

脱「ダサイたま」はできたけど

地域格差の拡大に注意！

本書は2009年に刊行された『日本の特別地域 特別編集 これでいいのか埼玉県さいたま市』を再編集し文庫化したものである。1から5章までは、基本的に2009年時点での情報を元にした話題。6章は最新の情報をもとに構成されている。

さて、それを踏まえた上で本書を読んでいただくと、なかなか面白いことがわかるのではないだろうか。2009年の視点では、まだ、さいたま市は以前の「ダサイたま」な雰囲気をかなり色濃く残していたのに対し、現在のさいたま市には「ダサイ」要素がかなり少なくなっているように編者の目にはみえた。

ではなぜ、さいたま市はかなりの部分で「ダサイたま」から脱却できたのだろうか。そして、まだ残っている「ダサイ」要素はなんなのか、ここではそれをみながら、さいたま市全体の「今の問題点」を探してみよう。

まず、もっとも重要な「脱ダサイ」は、「さいたま市」という名前が定着したことである、という住民にとってはあまり面白くない事実だ。

合併当初、大宮や浦和といった誇り高い自分達の名前が「市名でなくなってしまう」ことに大きな抵抗を感じていた。大宮と浦和のコアな人々に関しては、まだそれが色濃いだろうが、全体としては「さいたま市ってフッーだよね」という感じになってきた。少なくとも、地元民の感情としては、逆にまだ抵抗が残っていたとしても、他地域からみたさいたま市のイメージ、「さいたま市」という名称が、特に悪い響きでなくなってきたのは確かだ。どちらかといえば「大宮と浦和のある大きくて発展している市」というのが、他県民の認識だといえる。良い意味で一体化が進んでいるのだ。

だが、問題点もある。特にこれは旧大宮地域にいえることだが、元の「大宮市」から大宮区だ北区だと分かれてしまったことで、明らかに地域ごとの発展格差が浮き彫りになってしまった。国道17号線、京浜東北線、高崎線、宇都宮線という基幹インフラを軸に、それぞれが「縦ライン」で発展してきたのが旧大宮市だが、沿線地域とその他の地域の間では景色が相当違う。これは、さいたま市が行ってきた再開発が、大宮駅周辺、浦和、武蔵浦和駅周辺、さいたま新都心に集中しており（与野、北与野もこのグループ）、その他のエリアはかなりの部分が手つかずに近い。合併前からその傾向は強かったのだが、合併後はさらに強まったのかもしれない。象徴的なのが、先に紹介した富士重工跡地の売却などである。旧大宮市エリアでも、大宮駅には資本を投下するが、北区の開発予定地ははしまむらに売ってしまえ、というわけだ。

岩槻はこれだけでも大喜び！

もっといえば、岩槻など相当割りを食っている。岩槻駅周辺の再開発は1989年から1995年にかけて行われた東口再開発のみ。年代からわかるとおり、さいたま市の具体的な姿など影も形もない頃の出来事だ。また、岩槻駅は

1929年の開業から、ずっと「東口しかない」駅で、駅西側の住民は、駅から離れた地下道や、踏切を渡らなければ改札にたどり着けなかった。

これがようやく解消されたのが2016年5月。岩槻駅に東西自由通路が完成し、「西口」が開通したのである。地元紙は「念願の開通」と報じている。

これをみるだけでも「時間がかかりすぎだろう」と思うところだが、まあこういう工事は時間がかかる。高架化とワンセットだったら10年かかってもおかしくない、と思いきや、これがただの駅舎改修工事。しかも、事業の構想がまとめられたのが2008年、着工が2012年だ。工事の規模からして「4年はかかりすぎなんじゃないの、という気持ちになる。

ただ、素人が勝手なことをいうわけにもいかない。岩槻駅の改修工事は大変難しい事情があったのかもしれないし、東武がケチで中々手を付けてくれなかったのかもしれない（ちょうどスカイツリーに大金を投入していた時期だからあり得るかも）。しかしだ。基本構想がまとまったのが2008年とは、全く擁護できない。旧岩槻市がさいたま市に参加したのが2005年。この時点で、岩槻駅という存在は、新たに誕生する岩槻区にとってほぼ唯一絶対といっていい拠点である。その拠点は開業後80年も片方しか入口がなく、西側の住民は、場合によっては「線路を渡るのに時間がかかりすぎるから隣の駅にいく」くらいの不便な駅だったのだ。合併の成果として、とりあえず「基本構想だけは即決定」してほしかった。なぜ3年もかかったのか。つまり、この点においては、旧岩槻市はさいたま市に参加しても、得できなかったということだ。

その間、さいたま市は大宮、浦和、武蔵浦和駅周辺に千億単位の予算を投入している。それを考えると、西口が出来ただけで「悲願成就！」と喜ぶ岩槻駅周辺住民の姿は、涙なしに見ることはできない。

インフラ格差も広がる一方！

岩槻区の話題でいえば、もうひとつ「埼玉高速鉄道の延伸」問題がある。これも、長年の悲願である。都心部と直接繋がる埼玉高速鉄道の計画が浮上したのは2000年。2005年にはさらに一歩踏み込んで具体的な話し合いが行われ、ルート案まで検討された。ここで、乗り入れの可否などから「岩槻駅の地下に駅を新設する」ことで「まとまった」のである。

ただし、この「まとまった」ものをいつ実行するかについては、「資金の目処がついたら」という最終答申。一番肝心な金の話を後回しにしたわけである。このままいたずらに時間は過ぎ、岩槻に埼玉高速鉄道がくる気配はほとんどない。

２００９年に清水市政が始まると、２０１２年度中までに着工という目標が設定され、改めて岩槻延伸計画への動きが始まる。ただ、このときは「埼玉県とさいたま市が岩槻駅周辺の再開発を強力に進めてくれるんなら延伸できまっせ。それをやらないなら無理」という話になり、最終判断は県とさいたま市に委ねられた。つまり、さいたま市が「これから岩槻の再開発を積極的に進めます」といえば、延伸計画は進展したのである。

だが、清水市政の出した答えは「5年後の２０17年着手を目指す」であった。要するに最低でも5年は延期だ。確かに、２０１２年当時といえば、新都心にさいたま赤十字病院を移転させるという大勝負をやっていた時期。岩槻に回す金がなかったわけだ。しかし、新都心も岩槻区も同じさいたま市である。こうも露骨に後回しにされるんじゃ、たまらないというものだ。

このままでは「ダサイたま」な土地が残っちゃう！

さて、こうしてみてみると、どうも岩槻だけがやたらと取り残されているようだ。実際、岩槻駅前の「再開発ビル」であるワッツはだいぶ古ぼけてきて、テナントの撤退によるピンチ、なんて話もよくあった。正直、中途半端に開発されて、それが廃れている状態が一番「ダサイ」街だ。改装された駅舎が、城下町岩槻を彷彿とさせるデザインになってくれたおかげで大分持ち直したが、それでも、岩槻には相変わらず「ダサイたま」が残存しているといってもいいだろう。

あとは埼玉スタジアム2002だ。編者は、2002年のワールドカップ準決勝戦を観る機会に恵まれたのだが、ブラジル対トルコという好カードの迫力よりも、「スタジアムが畑の中に建っている」という現実に心を奪われた。あぜ道にバッタもんのレプリカユニフォームを売っているポルトガル語を話すアンちゃんまで出没しており、筆舌に尽くしがたい「なんだかなあ」感を覚えたのを鮮明に記憶している。埼玉はやっぱり田舎だと、強く思ったのだ。

それから14年。状況はほとんど変化していない。確かに浦和美園ウイングシティはそろそろ完成の予定だ。だが、その位置は埼玉スタジアムと浦和美園駅を挟んで真逆の南側。さいたま市、埼玉県の「顔」である埼玉スタジアムは、今も異様な存在感を放っている。ここにもまだ、ダサイたまは残っていたのだ。

こうした状況を、合併時の大宮市長で、相川初代さいたま市長に敗れた新藤享弘は、著書『さいたま市誕生知られざる真実』の後書きで批判的に観察している。新藤は、合併協議時の理念として、「『YOU AndＩプラン』は、過度の東京依存を是正し、埼玉県民一人ひとりが住み、働き、学び、憩い、真に魅力と誇りを感じるような埼玉県の中枢都市を築いていこう、いわば、県域の「へそ」を創っていこうとするものでした」と述べている。しかし、現実の合併後のさいたま市は、確かに人口は増え、市や県、国などが行う大規模再開発以外にも、多数のマンション建設があり、発展をしてきた。しかし、「さいたま市のイメージは希薄化」し、より以前から問題視していた「東京依存」「埼玉都民」化が進んだのではないか、と続けている。

また、最近では「こうしたまちづくりのビジョンについて語られる機会がめっきり少なくなったと感じています」とも述べている。その原因として、とにかく新都心を完成させるという「ノルマ」の達成がさいたま市の最大目標になってしまい、「どんな街にしたいのか」「さいたま市はどうあるべきなのか」という意識が薄れてしまったためだ、としている。

『さいたま市誕生知られざる真実』は、主役のひとりである新藤の立場からさいたま市合併劇の実像を描いたドキュメンタリーなので、全面的にその内容が公平であるとはいえない。ただ、ここで紹介した後書きで呈された疑問は、ここでみてきたような、さいたま市内の取り残された「ダサイたま残存地域」をみると、目立つ再開発に夢中になって、さいたま市全体のことを考えていないようにみえる行政の姿に重なる。

合併によるさいたま市の目的は、「埼玉県の中核都市」を作るということにあったはずだ。そんな「県都」なだけに、こうした「放置された地域」をいつまでも残しておくことは、得策とはいえないだろう。

浦和美園駅周辺は至る所で工事中。完成した部分と手つかずの土地のコントラストはかなりのもの

もう一度さいたま3大都市の理想像を考えてみる

役割分担は案外難しい

前項で「さいたま市のあるべきイメージとは」という話題がでた。確かに、現状では凄まじい規模と予算の大開発が行われているさいたま市だが、その対象となっているのは一部の中心地だけだ。その結果、発展に取り残されかねない地域は生まれ、格差が広がっている面もある。

では、現状を踏まえたうえで、これからさいたま市がどうやって発展していくことが理想的なのかを考えてみよう。「理想論」なので相当強引な展開もあるが、そこはご容赦いただきたい。

最初に、さいたま市が合併時の枠組みであった商業都市・大宮、政治都市・

浦和、文化都市・与野という形を守るべきかどうかを考えたい。まず、いきなりだが与野が文化の街、というのは最初から無理があった。まあ、さいたまスーパーアリーナが与野市にできるから、というかなり苦しい言い訳によってこの標語は作られたのだが、要するに大宮、新都心、浦和という南北に並ぶ3都市がそれぞれ役割を分担しながらさいたま市という大きな「県都」を構成しよう、という話である。これを「多核都市」と呼ぶ。

現状、力のある3都市によって、さいたま市を構成する、という形は成功しているというべきであろう。ただ、役割分担という問題については、あまりうまくいっていないというべきではないだろうか。

今起きている問題の中で、先ほど紹介した「コクーンシティ完成で、大宮や浦和から客が新都心に流入」という話に注目したい。本書を編集している2016年9月時点で、コクーンシティはオープンから約1年程度だ。つまり、コクーンシティ（新都心）が他の都市（大宮・浦和）の客足を奪っているといっても、オープン直後は「とりあえずいってみるか」といった要素もあるので、数字ほど「奪って」いるとはいえないだろう。

ただ、実際にコクーンシティを訪れてみると、やはり満足度は高そうだ。つまり、この時点で大宮は「商業都市」である意味を失っていることになっているのだ。

逆に考えると、なぜ新都心にこれほど巨大な商業施設を作る必要があったのかという話も成立する。さいたま新都心には首都機能があり、オフィスビルがあり、アリーナがある。コクーンなんか作って、わざわざ大宮と競合しなくてもいいじゃないか、というわけだ。

浦和はどうだろうか。こちらはある程度当初の方針に近いといえる。確かに大量の再開発ビルが浦和駅、武蔵浦和駅周辺を埋め尽くしたが、その多くがマンションと商業施設の複合ビルだ。浦和の姿勢としては、基本は住宅地であり、商業施設は住民に必要なものプラスアルファ程度、というわけだろう。

とはいっても、特に浦和駅周辺は、「住民に必要」なレベルを遥かに超える商業施設が目白押しだ。浦和が東京志向の強い地域だということも手伝って、浦和から大宮に向かう意識は低く、少なくともさいたま市が理想とする「役割分担」のうち、浦和と大宮のコンビネーションには問題があるだろう。

つまり、ざっくりみると「新都心（与野）の一人勝ち」「大宮が得意分野にちょっかいを出されている」「他の地域を無視する浦和」という状態にある。いや、これが大げさなものであることは当然わかっているが、存在するとすればこういう問題もあるかもしれない、という意味合いで読み進めてもらいたい。

では、なぜこうした問題が起こってしまうのか。まず、3大都市の位置関係に問題があるだろう。本当なら、北から「文化の街→政治・商業の街→文化の街」であったり「商業の街→政治・文化の街→商業の街」というふうに、ひとつの拠点を同じ役割を果たす2都市でサンドイッチにするのが最も便利だ。

さいたま市役所の新都心地区移転案は、この意味で整合性があるといえるだろう。埼玉県庁、さいたま市役所が新都心にあり、大宮と浦和がターミナル駅という形は、確かに理想的だ。

しかし現状の並びだと、大宮のポジションがかなり流動的になる。浦和には行政機関、新都心にはオフィスという「必ず行かなければならない」目標地点があるのに対し、大宮にはそれがない。まあ実際は大宮には多数の会社があり埼玉県最大の通勤先であることはわかっているが、ここでは街の役割、個性という意味で考えて欲しい。続けるが、要するに大宮にしか人が集まらない状況になるかもしれないし、他の2都市にそこそこの商業施設が出来てしまうと、誰も大宮には足を向けなくなるわけだ。

また、現実的には大宮特有の問題も存在する。大宮駅は首都圏でも有数の巨大ターミナルだ。それゆえ、駅構内、駅ビルなどの施設が充実しすぎており、駅が繁栄しても街は繁栄しない、というパターンもある。というか、ちょっと前はわりとそれっぽい感じになっていた時期があった。

こう考えると、やはりかたくなに市役所を手放さない浦和は「ズルイ」わけで、理想像としてはやはり新都心に市役所が欲しくなる。現状の枠組みでは、やはり「抜群のコンビネーションを誇る多核都市」というよりも、激しく争い合いながらそれぞれ勝手に発展し、チームプレーとして一応成立している、というべきなのではないだろうか。

市役所がなくなったら浦和は滅びるのか

さて、とりあえず「浦和はズルイ」という仮定をしてみた。しかし、政治の街である浦和から市役所と県庁を取り上げたら、浦和の街はダメになってしまうかもしれない。全体を強化するためとはいえ、3大都市のひとつを滅ぼしてしまうのはマズいだろう。とはいえ、浦和はそんなに弱い街なのだろうか。次はこのことを考えてみたい。

旧浦和市エリアの人口は、2016年時点で約55万人規模。さいたま市で最大の人口密集地帯だ。さらにいえば、単独の街としての構成に優れている。浦和駅、武蔵浦和駅の周辺にマンション群があり、その周りをミドルクラスの一戸建てが囲むというスタイルは、21世紀のまちづくりとしては非常に効率のよい形とされている。人は、人工物しかない街には耐えられない。本来、森や草原に生きる生物なのだ。一定量の緑がないと、肉体、精神ともに健康ではいられない。その「緑化」要素を周辺の一戸建て住宅群の「庭」や生け垣などが請け負い、中心部に巨大建造物を集め、利便性を高めるという寸法だ。

ただ、気になるのはこの「周辺の一戸建て」エリアが徐々にマンションに蝕まれていっていることである。人口の順調な増加は、実をいえば派手な駅前タワーマンションよりも、周辺部にニョキニョキと増えている中・低層マンション（比較的安い）の力によるものだ。

これが進むと街はどうなるか。行き着く先は「魅力のない街」であり、「ただ寝に帰ってくるだけのベッドタウン」となる。もしそうなれば、住民は浦和に住むアイデンティティを失い、2代3代と人が住み続ける街、もしくは出ていく人がいても、それを補う新住民が次から次へとやってくる街とはならない。現在首都圏でもっともマンション開発が進んだ東京都沿岸部、江東区豊洲や中央区南部では、高い人気とは裏腹に、マンションだらけの殺風景な街が嫌になり、せっかく買ったマンションを人に貸したりして出ていってしまう人も案外たくさんいるのだ。ブランド力が高いことが重要だった浦和が、そのブランド力を失うような変化をしてしまうと、それは即街の衰退に繋がるだろう。

もし、今の状態が続き浦和のブランド力が低下したとすると、大宮駅でもなく新都心でもない浦和は、結局県庁、市役所がないと「何もない街」になってしまう。せっかく作った再開発ビルも寂れ、地元で十分な買い物が出来るのに、浦和っ子たちは大宮、コクーン、池袋へ出かけることになる。

つまり、今のところ浦和は、市役所や県庁がなくなっても、十分やっていけるだけの力がある。しかし、その力をいずれ失ってしまうかもしれない危うさも併せ持っている、と考えるのが安全なのではないか。

正直、地方拠点としてみるに、浦和も武蔵浦和も巨大商業施設が多すぎる。これまで浦和とスタイルが似ていると考えた街のほとんどは、浦和ほど巨大ではない。しかし、どの街も長年高いブランド力を保ち、住環境、商業レベルも高水準だ。本来なら、浦和の身の丈に合ったまちづくりはもう少し小規模なものだったのかもしれない。だが、もう作ってしまったものは簡単には壊せないし、浦和駅東口方面も、一度手を付けてしまった以上、もう少し広げないといけなくなるだろう。当面、現在の商業施設を「使ってくれる」だけの人口と活気を保ち、沢山作った施設が「過剰供給」状態にならないよう気をつけなければならないことになる。

大宮は「さいたまの顔」という意識をもてないか

次は大宮だ。大宮は、商業拠点であるが故に、その地位が揺れ動きやすいという話をした。今のところ、再開発も完成に向かい、大宮の経済力が崩壊する心配はないだろう。ただ、先ほどお話しした浦和と同じく、街の力などというものは、気がついたら手の施しようがないほど低下していたり、ちょっとしたきっかけで力を失ってしまうこともある。

大宮が、当面絶対失わない「強み」は、大宮駅だ。大宮駅には、グランドセントラルステーション化構想というものがある。これは、簡単にいってしまうと北陸新幹線、北海道新幹線の開通に伴い「大宮市発」の便を新設し、大宮駅へのアクセスに優れた地域からの利用者を大宮に集めるというプランだ。

これは可能性がある。昔から、東海道新幹線を使う上で東京ではなく品川から乗るというスタイルは存在した。それと同じ事を大宮もしよう、というわけだ。

大宮駅のほうが東京駅より便利な地域とはどこだろうか。ざっと挙げると、埼玉県内や新宿、渋谷、池袋を中心に活動する東京都西部地域、神奈川県の小田急、東急沿線などの住民となる。特に渋谷、池袋が生活の中心となる東武東上線、東急田園都市線沿線住民は、何度も乗り換えをしなくてはならない東京駅よりも、多少時間がかかっても乗り換えの少ない大宮を選択するケースもあるだろう。要するに、東京駅に比肩する存在に、大宮駅を引っ張り上げよう、という野望である。

ただ、可能性はあるにしても、大宮が今のままではさいたま市にとっては痛し痒しになってしまう。現在も、大宮はさいたま市の玄関口だ。首都圏からの場合はともかく、新幹線に乗って地方からさいたま新都心を訪れる場合、100％大宮駅で乗り換えることになる。

そうして駅を降りた旅行客が目にする物は、まず大宮駅の繁栄ぶりだろう。しかし、そこで「さいたま市」という存在を、どれだけアピールできているだろうか。

この問題を指摘する意見を見つけたが、筆者も同感だ。これがほとんど出来ていない。個人的な体験でいうと、例えば九州の福岡駅では、県内各地の名産や観光名所がアピールされていた。鹿児島駅では、場合によっては鹿児島市そっちのけで、指宿やら大隅半島やらのポスターが目立っていたりして「地域の代表」である駅の意識が高いわけだ。

大宮駅はどうだろう。埼玉県は、首都圏の中でも観光名所、特産品が弱い県だ。だから大してアピールはしていない、というのが実情だろう。

でも、本当になにもないのか？　確かにしょぼい有様だが、岩槻城はさいたま市の観光名所だし、レッズ、アルディージャと2チームもJ1リーグに送り込んでいる市は他にない。浦和はウナギの街なのに、ほとんど知られていないのだから、大宮駅もウナギだらけにしてしまえばいいのではないか？　といった具合に、無理にでもアピールを行うことはできるだろう。

現状では、純粋に「大宮駅からすぐ近く」の鉄道博物館へのルート案内が目立つ程度で、あまりさいたま市の玄関口としての努力をしているようには見えない。

グランドステーション構想は、それほど大きくはないかもしれないが、確実に利用者はいるし、効果がみこめる。少しでも大宮駅を「ハブステーション」として使う層が増えるのなら、さいたま市全域の「玄関口」としての地位を高める努力が欲しい。そうすれば、例え目的地が浦和や新都心であったとしても、一旦は大宮に立ち寄る人も増える。

他の地域を援助しつつ、自らの利益も確保する。3大都市の一角として、大宮の役割はまさにそれだろう。

地味で強いのが新都心の理想？

さいたま新都心は、もしかしたら本来の役割を見失っているのではないだろうか。首都機能が集まる「新都心」にしては、どうも500メートル級の複合ビルだの、コクーンシティだのは邪道にみえて仕方がない。

実際、オフィス街であることには間違いはないので、飲食店街やマッサージ店などは欲しいだろう。だが、別にヨドバシカメラがなくても、大宮にいけばビッグカメラがあるしそれでいいんじゃないの？　という感じだ。映画館なんぞ、新都心で働くサラリーマンや役人は、サボりが推奨されているのか、という話である。さいたまスーパーアリーナは、関東圏でも最大のコンサートホールのひとつで3万人規模のイベントを開催できる。しかし、オフィス街にいきなり3万人ものガキや小娘が集まったら邪魔じゃないの？　そう考えると、例の8－1A地区が赤十字病院に落ち着いたのは、さいたま新都心にとって最上の結果だったのかもしれない。

だが、先ほど見た通り、これはさいたま新都心のせいばかりとは言い切れない。バブル崩壊がなければ、もっと沢山のオフィスビルが集まったはずだし、元からあったイトーヨーカ堂を強化して一大ショッピングエリアを構築、なんてことはせずに、もっと違った形になっていたかもしれない。

ただ、今のところのさいたま新都心は、官庁街の機能「も」もっている、ただの新興都市になっている。おかげで、本来競合になる存在ではなかった大宮、浦和との対立関係が生まれてしまいかねない状態だ。

本来なら、買い物や飲食は大宮、住んでいるのは浦和で、勤務先は新都心、といったパートナーシップが想定されていた、とすれば、せっかくの新都心が共倒れの元凶となってしまうのは避けたい。

やはり、さいたま新都心が目指すべきは、もっと地味で目立たない、それでいて存在感は抜群といった「シブい」立ち位置だろう。それを達成するための必殺技である官庁舎はすでにある。今後の注意点としては、コクーンシティにこだわりすぎないことだろう。商業の街は大宮なり浦和なりに任せて、自分達は「裏から動かす」存在であることをもっと意識したい。

そうすると、さいたま市役所移転構想には、新都心ももっと積極的に関与したほうがいいかもしれない。場合によっては、コクーンシティと県庁、市役所を交換したっていいわけだ。

もう一度「枠組み」を見直してさいたま市統一を果たせ！

さて、かなり強引に3大都市の「有るべき姿」を考えてみたが、いかがだったろうか。今のところ、役割分担はそれほどうまくいっていないのがさいたま市。それは、宿命のライバルであり、総合的な実力がほぼ同ランクの大宮・浦和が呉越同舟しているから仕方がない。

だが、もうそろそろ次のことを考えてみないか。これから、日本の人口は減っていく。首都圏は今のところ増加傾向だが、いずれ減少に転ずるときがくるのだ。

そのとき、今のきらびやかな再開発ビルは過剰な存在になり、商業施設は閑古鳥と成る日はいつか来るのである。

これに対抗する唯一の手段は、浦和だ大宮だと内ゲバを繰り返すのではなく、国全体が縮小したとしても「さいたま市」はその中で大都市として存続し続けるための努力を進めることだろう。

今の商業都市、政治都市といった役割分担は障害になっている部分がある。もしくは役割分担をもっと徹底させないと、共食いになってしまう。各地の再開発が一段落ついてきたさいたま市がこれから取り組むべき「再開発」は、こういう「各都市の意識」というソフトウェアの再開発になっていくのかもしれない。

純粋な街の力には恵まれたさいたま市。本当の意味での統一を果たせればもっとよい街になるはずなのだが……

さいたま市の財政が健全なのは「セコい」から!?

優秀だった財政に陰りが？

さいたま市の財政は全国的にみてもかなり優秀だ。自治体の財政を総合的に判断する際に、もっともよく使われる財政力指数は、総務省の分析でも「安定して高い指数で推移している」と評価されている。

だが、ちょっと気になることがある。それはここ数年、さいたま市の財政評価は、わずかだが悪化しているのである。とはいっても今まで90点を取っていた生徒が85点になった、という程度の低下だが、やはりこれは見逃せない。

まず、財政力指数は最新の２０１４年度決算で０・９７。これは全国の政令指定都市の中で堂々３位の成績だ。全国平均が０・４９、埼玉県の平均は０・

77となっており、全体として優秀な埼玉県のなかでも、飛び抜けた存在となっている。

しかし、２０１０年度の数値では１・０１。財政力指数とは「１」を超えていれば会計がプラスであり、地方交付税交付金をもらわなくてもやっていける、という指数だ。つまり、この4年の間に、さいたま市はわずかながら「借金市」になってしまった、というわけだ。

他の数値でも、下がっている項目がある。財政構造の弾力性は、２０１０年の90・2から96・7（経常収支比率）に低下。人件費・経費は横ばいから少々の高騰。将来負担、公債費負担は優秀なままだ。

いくつかの項目で、悪化がみられる。財政とは要するに儲かっているか使いすぎているか、ということなので、普通に考えると税収が減ったりしたんじゃないの？　という予測が立つ。企業でいうところの売上が落ちれば財政は悪化するのはあまりに普通の計算だ。しかし、税収などの金額は、基本的に年々微増。つまり徐々に「使いすぎる」体質に変化してきているのだ。

ただ、短期的にはあまり気にしなくてよさそうだ。財政力指数が下がっているのは、社会保障費増などの要因で、多少変動したにすぎない、と総務省もいっている。さいたま市は今や多くの流入人口を抱えるニュータウンと化しているため高齢層が少なく、また市民の所得も高水準なため、もっと重要な福祉、生活補助など扶助費負担は低い。市域が狭いことで行政の効率が高いため、構造的に経費がかからないなどプラス要因は多いのである。

気になるのは財政構造の弾力性だ。この弾力性という指数は、乱暴にいうと「いつも買っているものの値段がある日突然値上がりしたとして、その準備ができているか」というものだ。つまり「キャベツが不作というニュースをみたから、値上がりしているかもしれない。お金はちょっと多めに銀行で下ろしておこう」という感じで、状況の変化に対応するための財源を確保できているかどうかというものだ。

要は、経費の増加に対応できているか否かという話。しかし、経費が増加しているといっても、やたらと財政を圧迫する扶助費は少なく、大金のかかる再開発も、一度にあっちこっちに手を出さず一点集中することで、借金も低くおさえているのがさいたま市だ。それなのになぜ、さいたま市の経費を高くしているのはなんだろうか。

さいたま市の行政構造の弾力性を悪くしているものとして、ひとつに自治体が様々な事業を行う際に、国が一部を負担してくれる「国庫補助事業」の減少がある。他には業務の民間委託費。急速な高齢化に対応するための扶助費の「増加率の高さ」も挙げられる。さきほど、「扶助費が安い」といったのにおかしいではないか、と叱られそうなので、このからくりを説明しておこう。要するに、さいたま市はしばらくの間「高齢者が少なすぎた」のである。近年さいたま市の人口が急激に増えた最大の要因は、埼京線によって東京への通勤圏としての条件が、劇的に向上したことにある。埼京線の開通は１９８５年。財政構造の弾力性が悪化し始めたのは２０１０年前後からなので、例えば85年に40歳でマンションを買った人は10年に65歳の定年を迎える。こうした大量の第一次「埼京線世代」が一気に高齢者になったわけだ。

さて、「財政構造の弾力性の悪化」の原因をみてみたが、これは結構マズい状態なのかもしれない。

トータルの決算はうまくいっていても、高齢者が増えるなんていう、確実に予想可能な負担の増加に、さいたま市はついていけていないのである。最後のつじつまは合わせていても、途中経過はかなりギリギリ、というわけだ。これを避けるためには、高齢者福祉費が来年確実に値上がりするから、再開発の予算を少し抑えめにしておこう、とか冷房の設定温度を上げて電気代節約とか、つまり何処かしらの無駄を省いて、増加する福祉費などの枠をあけておくことが必要。すぐ増税ってわけにはいかないからね。

そんなわかりきったことができないのはなぜか。一番わかりやすいのは「どこかの経費を削って予備費を作ろうと思っても、もう十分経費削減は進んでいて削るアテがない」などの理由だ。

インフラに手を出さないさいたま市

優秀ながら、多少のほころびがみえるさいたま市の財政。この問題点を考える前にまず、なぜさいたま市の財政状況は優秀なのかをみてみよう。

簡単にいってしまえば、さいたま市は堅実・健全、というかケチなのが体質

さいたま市の鉄道網 MAP

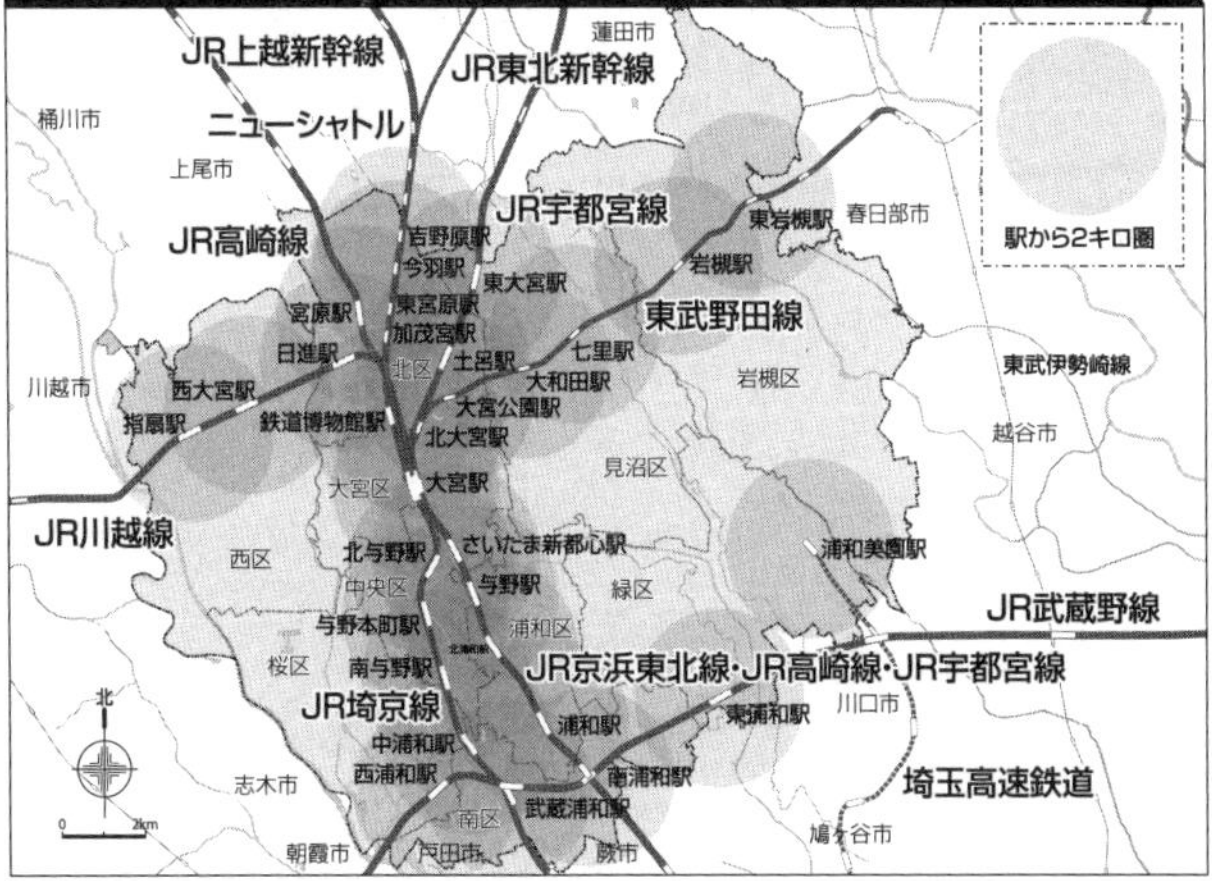

だからである。あんなに再開発をやっているのにケチ？　と思われるだろうが本当だ。その証拠に、市営のインフラ網が存在しない。まあコミュニティバスはあるが、せいぜいがその程度。東京都は都営地下鉄に都営バス。横浜市は市営地下鉄と市営バス、千葉市はモノレールと、近隣の中核都市はことごとく自前のインフラ網ももっている。

　これらの自治体が運営、もしくは関与するインフラ網は、主に「交通不毛地帯」の解消を狙ってつくられる。都営路線はちょっと比較しづらいが、横浜市にしても千葉市にしても、従来の鉄道網がカバー出来ていなかった場所に路線をつくっている。横浜市営地下鉄は、横浜市内で分断状態にあった横浜中心部と市東北部をつないでいるし、千葉市のモノレールは千葉駅と北東方向の住宅地の間を走っている。

さいたま市は、西区、桜区、緑区、見沼区、岩槻区にそれぞれ広大な「鉄道不毛地帯」をかかえている。岩槻区は他区と少し事情がちがうかもしれないが、やはり本来なら、西・桜区界から見沼・緑区界を縦断するなんらかの交通機関が欲しくなる。このルートならさいたま新都心と浦和美園を結ぶ形になるので、市の中心部と埼玉スタジアム2002のアクセス状況が爆発的に向上するという効果も見込めるだろう。

市営の鉄道を作る、などという話は楽しい。ましてさいたま新都心と浦和美園をつなぐなどという、現実的にアクセスが悪くて困っちゃってるルートなら、なお多くの利用者を見込めるわけで「どうしてさいたま市が巨大都市になったのに市営インフラは作らないいんだ!」と思う人もいることだろう。

しかし、現実は残酷だ。インフラは特に金がかかる。建造費はすごいし、通常の運営費も莫大なものになる上に、事故リスクも存在する。事実、横浜市ですら市営地下鉄が「利益」を上げるのに30年以上の時間を必要としたし、千葉モノレールに至っては、現在も千葉市の財政を傾けている「戦犯」のままである。さいたま新都心にモノレールが走っていたら、それはもうものすごい「絵」になるのは確実だが、さいたま市はそんな危険なものには手を出さない。

こうした堅実な体質は、合併の意外な効能といえるかもしれない。

元々、大宮にしても浦和にしても、政令指定都市にはほど遠い中規模市であった。これに対し、横浜市や千葉市は一貫して多くの人口を抱える大型都市であり、県内で抜きんじた存在だった。つまり、横浜市や千葉市は本質的に大国意識があり、さいたま市にはそれがないわけだ。大国は、メンツもあるし、すぐカネのかかる事業に手を出す。だから気軽に自前のインフラを作り、大いに苦労することになるのだ。対して、小国意識が残っているさいたま市は、合併によって実力が大国並になったとしても、「自前のインフラを作るなど、想像も出来ない」のではないだろうか。まあ実際は、さいたま新都心や浦和美園が完成した頃にはバブルも弾け、当時のさいたま市が横浜・千葉並に調子に乗っていたとしても自前インフラに手を出せるような社会状況じゃなかったわけなのだが。

ど派手な再開発の裏で進む公共施設の合理化

夢を見るよりも堅実路線がさいたま市の基本姿勢。しかし、さいたま市は数々の大規模再開発を行っている。堅実なのに、なぜあれほどの再開発に手を出せたのだろうか。

これを説明するのに最適な言葉がある。一時期、ビジネス用語として大流行した「選択と集中」である。これまでみてきたとおり、合併後のさいたま市では、かなり段階的に再開発が行われてきた経緯がある。まず、合併のタイミングで再開発が現在進行形だった浦和に集中し、一段落ついたら大宮に着手という形だ。さいたま新都心にしても、合同庁舎、新都心駅、アリーナなど、キーとなる施設は取り急ぎ完成させ、他の施設に関してはアリモノを有効活用したり、諦めて放置したりしていた。赤十字病院が入ることで落ち着いた8－1A地区のすったもんだにしたって、さいたま市としてみれば「納得のいくものができるまでは待つ」姿勢だったのかもしれない。だからMNDさいたまの「縮小案」を強硬に拒否したんだといわれれば、なるほど、となる。

同時に、大規模な公共施設のリストラを進めてきたという事実もある。巨大な再開発に目を奪われがちで、一般的にはあまり知られていないが、さいたま市は「公共施設マネジメントの先進都市」と呼ばれている。ここでいうマネジメントとはどのようなものかというと、つまり「本当に必要な、市民に活用されるもの以外は作らない」ということだ。

合併後、政令指定都市になったさいたま市には「区」ができた。そうすると、必ず起こるのが、公共施設の偏りだ。○○区には公民館が3つもあるのに××区にはひとつしかない、という話である。公共施設は、合併前の市や町に帰属して作られていたのだから、新しく区割りを引き直せば、こういう事態が起こるのは当然だ。

お馬鹿な自治体だと「やはり各区には平等に施設がないとね」と、やたら不便な場所に新しい施設を作り、結局ほとんど使用されないなんてことになる。しかし、さいたま市のマネジメントでは、こういうことにならないように、まずは「公共施設の新規建設を原則禁止」し、「既存施設の実態把握」を行った上で公共施設の床面積15%削減を目標とした。公共施設の削減は、新しく作られた駅近くの複合施設への「移転」とワンセットで行われているのも有効だ。公共施設が無駄になるパターンは、大抵辺鄙なところに作ってしまい「住民が存在を知らない・行きづらい・行く気にならない」の3点セットにより廃れていく。その点、商業施設の集中する駅前の複合施設なら、放っておいても人は集まる。存在のアピールも楽だし、効率的だ。

このマネジメントが功を奏し、さいたま市の公共施設保有数は、政令指定都市の中でも最も低い値となっている。「浦和派の初代市長が、旧大宮市の私有地を売っぱらった」といわれているもののうち、いくつかはこの「マネジメント」に従って成されたものなのである。

ただ、そのおかげで全体としてのサービス充実度が市民を満足させるレベルに達していない、という状況もある。また、現在の財源状況では、将来的な既存施設の維持・更新が半分程度しかできないという調査結果もあり、「完全なマネジメント」ができているとはいえない。とはいえ、細々と無駄なもの作っちゃって赤字が膨らむという状態は回避できているのだから、この路線をさらに進歩させ、全国に先駆けて「さいたま市が新しい公共施設マネジメントのノウハウを確立」することを目指していけば、きっと良い成果を得られることだろう。

いつ「セコい」体質を捨てるべきか

このように、さいたま市は危険なものには手を出さず、選択と集中によって効率良く予算を使ってきた。財政状況の優秀さはまさにこの勝利の証だ。だが、一方で「勇気を持って取り組めば、もっと大儲けできる」ものを見逃している可能性もある。財政構造の弾力性が悪化しているのは、堅実路線だけではなく、どこかで大勝負に出て大儲けを狙わないとさいたま市を維持できないことを教えているのかもしれない。その可能性はあると、一応は考えておくべきだ。

この先、さいたま市はいつか「中規模都市」の体質を捨て、その実態に合った「大都市」として行動する必要性がでてくると思われる。ただ、現状の堅実

合併前の感覚が残っていることで、大失敗を防いできた一方、ガチガチの堅実路線にも弱点がみえてきたのかもしれない

体質の利点は大きい。大都市として行動するといっても、なにもどんぶり勘定で無茶な開発をしろといっているのではない。堅実路線の道の先にある、さいたま市にあった大都市のやり方をみつけることが、これからの目標となるのではないだろうか。

さいたま市がこれから獲得すべき能力とは

目標は「首都」奪取！

　さまざまな面から現在のさいたま市をみてきたが、いかがだっただろうか。巨大合併によって、一気に100万人都市となったさいたま市。合併の成果に関しては、いろいろな見方があるだろうが、やはり総合的には大成功だったというべきだろう。当初は批判にさらされた、ひらがな市名「さいたま市」も今ではすっかり定着し、その上で大宮、浦和など、土地のアイデンティティとなってきた地名も死んではいない。さいたま市の成立と発展で、以前の「ダサイたま」イメージは、相当縮小したというべきだ。

　さて、さいたま市はかなりの部分で、合併前後に設定していた目標を達成してしまった。政令指定都市化、イメージアップ、各拠点の再開発などなど。遅れていたというべきか、慎重に進めていたというべきか、ともかく時間のかかった大宮、浦和、新都心の再開発で、最後のピースを埋める事業が始まっている。これらが完成すれば、まずは第一のゴールに到達したといっていいだろう。

では、第2のゴールとなりうるべきものはなんだろうか。さいたま市や市長が掲げる目標はいくつかあるが、ここでは「東日本の中枢都市構想」という項目に注目したい。

市長の政策としては主に交通の充実と再開発の進行、という内容が示されているのだが、これって別に新しくも何ともなく、現在進行形の再開発だよね、と思ってしまった。

まあ現実的には、こうやってさいたま市の機能をじっくりと高めていく、というのが至上命題だし、さいたま市らしく堅実に進めてくれれば問題ないのだが、ここではもうちょっと大言壮語を吐いてみたい。

やはり、さいたま新都心を抱えるさいたま市としては、東京から「首都」の座をいかに奪うか、というのが、一番ロマンティックだろう。しかし、案外これは大言壮語とはいえなかったりする。

そもそも、さいたま新都心は、首都機能の一部移転先というだけではなく、いずれやってくるだろう「関東大震災」に際し、中央政府の機能を代行する防災拠点として設計されている。つまり、フルスペックではないにしても、首都になる能力はすでに持っているというわけだ。また、新幹線の存在も大きい。

ワシントンのような街を目指す？

東京は、世界的に見れば「大きすぎる都市」だ。首都であり最大の商業地であり、住宅地。ロンドンやパリも同じスタイルだが、その規模は東京に比べると驚くほど小さく、都市圏としてみた場合では半分以下だ。

これに対して、アメリカ、中国などは、政治の中心と経済の中心が分かれている。ワシントン、北京に対し、ニューヨーク、ロサンゼルス、上海といった具合だ。江戸時代までは日本もこのスタイルで、政治の江戸、商業の大坂という分担がなされていた。

さて、さいたま市がこれから高い目標をかかげるとすると、この「政治の街」プランが妥当だろう。すでにそれなりの機能をもつ新都心があり、完成度の高い都市機能もある。「経済の街東京」とは、新幹線をはじめ、充実した交通網で目と鼻の先だ。条件としては悪くない。さらに、新都心の東側には、まだかなりの畑や工場用地が残っており、ここに議事堂や議員宿舎を作る、なんてことも不可能ではない。

とはいえ、現状の東京は高度に発展しており、十分に機能しているのもまた事実。ベストの状態ではないにしても、首都機能を本当に移転させなければもうもたない！　というほど追い込まれているわけではない。直近での本格移転は、ほとんど現実的ではないだろう。

しかしだ。いつか来るかもしれない「首都移転」をシミュレートしつつ、さいたま市を発展させていくのは悪い考えではないだろう。それは、現在さいたま市に残っている地域対立を解決することと、同時に行うことができるはずだからだ。

3大都市の連携方法を模索せよ

まず、さいたま市は、すでに市内で「政治・経済の中心が分かれている」という現実がある。さらに、その枠組みや役割分担が曖昧になっている部分も多い。ということはだ。まず、大宮、浦和の対立を解消し、それぞれが明確に役割を分担しつつ、名コンビを結成する。もしくは、新都心を行政・商業の街から政治・行政の街へと特化させ、商業拠点大宮、浦和といかに連携できるかを模索する。これらの努力は、政治の中心さいたま市が経済都市東京とコンビを組む際の「予行練習」になるだろう。

どちらにせよ、一部では今も根強い地域間対立は、何らかの形で解消されなければならない。それが「いずれ首都になるための野望」にも活用できるというのならば、一挙両得ではないか。

その時に注意しなければならないのは、各地の個性を殺すようなやり方で、地域間対立を解消するのは逆効果だということ。新都心にはまだ街の個性というものはそれほど確立していないだろうが、浦和にしても大宮にしても、長い歴史を持つ街である。解消されるのは対立感情だけでいい。

そのためには、各地に残る「古いもの」を少なくともいくつかはしっかり「保存」しておく必要はあるだろう。といっても、相次ぐ再開発でかなりの古い物が失われてしまった。今や、残すべきものは大宮駅東口の、商店街や飲食店街だけなのかもしれない。だからこそ、あの街は重要だ。最新式の複合ビルだけでは街に「味」や「個性」は生まれない。新都心で勤務している人々は、案外北与野駅周辺に残る昔ながらの飲み屋街を愛用しているのだ。

さいたま市の3大都市は、それぞれが「最新式の再開発タウン」としての体裁を持っている。そこに、例えば古くからの特徴である「下世話で活力のある大宮」「上品で教育熱心な浦和」など、街の「味」をしっかり保持していければ、それぞれが魅力に溢れた多核都市さいたま市が成立し、全国に羽ばたいていくことが可能になる。逆に、ともすれば画一的になる再開発を突き詰めすべての街を均一にするような「ダサイ」ことをしてしまったとき、さいたま市は、「ダサイたま」の地位に逆戻りすることになるだろう。

完璧に整備された新しい街に古くからの雰囲気を残す。ただの再開発タウンを作るより、よほど難しい課題になるだろう

あとがき

さいたま市には、実はもうひとつ全国に自慢できる要素があるのをご存じだろうか。それは、「理想の形に近いコンパクトシティ」であるという点だ。コンパクトシティとは、郊外化がもたらす弊害に対抗して、都市中心部に生活・行政サービスなどの機能を集中させる、効率的な街のことである。人口減と郊外化の進行で、崩壊の危機を迎えている地方都市が目指すべき将来像のひとつとして、近年注目されている考え方だ。

確かにそうだ。3大都市に住民や諸機能が集中していて、しかも都市間が強力な鉄道で連結されている。郊外には見沼田んぼ、芝川など、環境保全区域が広がっている。人口減に苦しむ多くの地方都市が、さいたま市のような構造に変化できれば、どれほど素晴らしいことだろうか。まあ、すでに大都市であるさいたま市が、「理想的な地方都市」の体裁をもっているというのは、もしかしたらあまり自慢すべきことではないのかもしれない。だが、視点を変えればコンパクトシティ化に成功したから、さいたま市はここまで発展した、という見方もまた、できるのである。

このように、街の評価や印象、イメージというものは、視点の違いや比較対象によって大きく変わる。今回、改めてさいたま市をつぶさにみて、それを痛感した。「ダサイたま」という言葉を出発点にした、本書の元となった『日本の特別地域 特別編集 これでいいのか埼玉県さいたま市』と「成長著しい大都市」として取り扱った本書では、同じものに対する印象がまるで違う場合が多い。そして、今回、2010年代のさいたま市を観察した印象は、もうダサイたまではなく「大都会」としてさいたま市を見る方が正しいというものだ。

さて、このようにわずか20年弱でまったく別の都市に変わってしまったさいたま市。右に紹介したコンパクトシティも含まれるが、そろそろこの「成功体験」を輸出してもらいたいと思う。我々は、苦しむ多くの地方都市をみてきた。その我々には、さいたま市の繁栄ぶりは、ともすれば「日本の希望の星」として映る。同時に、多くの人がさいたま市の成功を認め、それに学ぶようになってほしいと思う。さいたま市は、すでにそのくらいランクの高い都市になっている。市民はそのことも、自慢に思ってもらいたいところだ。

参考文献

・さいたま市
『さいたま希望のまちプラン　総合振興計画　新実施計画』
さいたま市　2009年
・埼玉県立博物館
『埼玉・歴史の道50話』　埼玉新聞社　2005年
・埼玉県立博物館
『さいたま新都心ガイドブック』　埼玉新聞社　2000年
・吉本富男
『さいたま歴史街道』　埼玉新聞社　1990年
・老川慶喜
『埼玉の鉄道』　埼玉新聞社　1982年
・藤原企画
『ガイドブックさいたま市』　埼玉新聞社　2001年
・相川宗一
『さいたまの鉄道』　さきたま出版会　1999年
・さいたま新都心街びらき記念事業実行委員会
『理想都市への挑戦』　関東図書株式会社　2001年
・国土交通省　関東地方整備局
『国道17号新大宮バイパス』　2009年
・辻山幸宣
『誰が合併を決めたのか』　公人社　2003年

・埼玉県高等学校社会化教育研究会歴史部会
『埼玉県の歴史散歩』　山川出版社　２００５年
・合併反対上尾市民ネットワーク・自治労連上尾市職員労働組合
『合併反対を選択したまち―上尾の住民投票と市民の運動―』
自治体研究社　２００１年
・金井塚良一　大村進
『埼玉県の不思議辞典』　進人物住来社　２００１年
・船越健之輔
『ドキュメント　１００万都市誕生　さいたま市はどこへ行く』　東京新聞出版局　２００１年
・日本経済新聞社
『埼玉の中堅１２０社』　日本経済新聞社　１９９８年
・宮田一也
『大宮盆栽村クロニクル』　アーカイブス出版　２００８年
・桧村賢一
『競艇24場完全攻略ガイド―全国競艇勝ち歩き』　サンケイブックス　２００８年
・見沼保全じゃぶじゃぶラボ
『見沼見て歩き―見沼たんぼ散策ガイド』　幹書房　２００７年
・講談社
『新・土地のグランプリ２００９―２０１０』　講談社　２００９年
・岩槻人形連合協会
『岩槻人形師―埼玉百年記念―』　岩槻人形連合協会　１９７１年
・与野市教育委員会市史編さん室
『与野の歴史散歩』　与野市教育委員会市史編さん室　１９９５年

【サイト】

・さいたま市公式ホームページ
http://www.city.saitama.jp/index.html
・埼玉県警ホームページ
http://www.police.pref.saitama.lg.jp/kenkei/
・総務省　統計局・政策統括官（統計基準担当）・統計研修所
http://www.stat.go.jp/index.htm
・Jリーグホームページ
http://www.j-league.or.jp/
・浦和レッドダイヤモンズ公式サイト
http://www.urawa-reds.co.jp/index2.html
・大宮アルディージャ公式サイト
http://www.ardija.co.jp/
・大正時代まつり公式ホームページ
http://www5b.biglobe.ne.jp/~taisyou/
・この街に暮らす　さいたま市　南浦和
http://itot4.jp/minami-urawa/
・文部科学省ホームページ
http://itot4.jp/minami-urawa/
・さいたまの観光コンベンション情報　web s@i's
http://www.scvb.or.jp/
・埼玉高速鉄道ホームページ
http://www.s-rail.co.jp/

・犯罪情報官 News

http://www.police.pref.saitama.lg.jp/jyouhoukan/index.htm#

・見所と散歩みちマップ

http://www.minumatanbo-saitama.jp/midokoro.htm

・高校受験 高校偏差値情報

http://momotaro.boy.jp/

・HOME'S

http://www.homes.co.jp/

・さいたまの観光コンペティション情報

http://www.scvb.or.jp/data/bonsai.shtml

・東日本旅客鉄道株式会社

http://www.jreast.co.jp/

・大宮プラザ自治会

http://www.k5.dion.ne.jp/~o-plaza/

・ちゃっぷん亭

http://www.nippon-foundation.or.jp/chapn/index.html

・東京新聞（TOKYO Web）

http://www.tokyo-np.co.jp/

・読売新聞（YOMIURI ONLONE）

http://www.yomiuri.co.jp/index.htm

・横浜市統計ポータルサイト

http://www.city.yokohama.jp/me/stat/

・さいたま市選挙速報サイト　さいたま市選挙管理委員会

http://www.saitama-senkyo.com/index.html

●編者

小森雅人

1970年、埼玉県行田市生まれ。12年ほど前、同棲を契機に戸田市に移り住む。パチンコ・パチスロ攻略誌で有名な某編集プロダクションに入社するも、1年も経たないうちにフリーエディター兼ライターに転向。以降はちょっとエロをかじったものの、ほぼパチンコ・パチスロの記事を続けている、しょうもないパチ大好き人間。

藤江孝次

M大学フェードアウト。某編集プロで編集に携わった後、雑誌と並行して映像やイベントなども手掛けるが、飽きっぽく根性が足りないせいか志半ばで挫折する。趣味映画鑑賞と本の収集。持っている本の数は自分でもわからない。初めての一人暮らしは埼玉県だったが、なんだか寂しくなって、友人の家に転がり込んだという過去がある。

川野輪真彦

1976年、茨城県生まれ。和光大学経済学部卒。ギャンブル系雑誌をメインに作りながら、8匹のフェレット+雑種犬をこよなく愛する編集兼ライター。本書執筆のおかげで、さいたま市の利便性に魅力を感じるが、ダサイたまにすら見下される地に生まれ育った故に、埼玉には死ぬまで住むことはないと改めて誓う。

地域批評シリーズ⑭　これでいいのか 埼玉県さいたま市

2016年10月27日　第1版　第1刷発行
2021年　4月　1日　第1版　第3刷発行

編　者　小森雅人
　　　　藤江孝次
　　　　川野輪真彦
発行人　子安喜美子
発行所　株式会社マイクロマガジン社
　　　　〒104-0041　東京都中央区新富1-3-7 ヨドコウビル
　　　　TEL 03-3206-1641　FAX 03-3551-1208（販売営業部）
　　　　TEL 03-3551-9564　FAX 03-3551-0353（編　集　部）
　　　　https://micromagazine.co.jp/
編　集　髙田泰治
装　丁　板東典子
イラスト　田川秀樹
協　力　㈱n3o
印　刷　図書印刷株式会社

※本書の内容は2016年9月20日現在の状況で制作したものです

2021 Printed in Japan　ISBN　978-4-89637-588-6　C0195